心灵无界

用心理学的钥匙
开启道家内丹宝藏之门

耿道心 著

图书在版编目（CIP）数据

心灵无界 / 耿道心著. -- 北京：华夏出版社有限公司，2023.10（2024.4重印）
ISBN 978-7-5222-0518-2

Ⅰ.①心… Ⅱ.①耿… Ⅲ.①道家–哲学思想–研究 ②内丹–研究 Ⅳ.① B223.05 ② B95

中国国家版本馆 CIP 数据核字（2023）第 109843 号

心灵无界

作　　者	耿道心
责任编辑	陈　迪

出版发行	华夏出版社有限公司
经　　销	新华书店
印　　装	三河市万龙印装有限公司
版　　次	2023 年 10 月北京第 1 版　2024 年 4 月北京第 3 次印刷
开　　本	880×1230　1/32 开
印　　张	5.75
字　　数	69 千字
定　　价	49.00 元

华夏出版社有限公司　网址：www.hxph.com.cn　电话：（010）64663331（转）
地址：北京市东直门外香河园北里4号　邮编：100028
若发现本版图书有印装质量问题，请与我社营销中心联系调换。

目录

序言 ··· 001

第一章 先天元神与集体无意识 ·· 001

    第一节 内丹学中"先天"的意义探究 ··································· 003

    第二节 神秘的集体无意识 ··· 008

    第三节 原型的力量 ·· 013

    第四节 两个体系的碰撞 ·· 019

    第五节 殊途同归,巅峰相遇 ··· 025

第二章 精、气与心理能量 ··· 031

    第一节 炼丹三要素:炉鼎、药物与火候 ······························· 033

    第二节 内丹学中精与气的意义探究 ····································· 037

第三节　惊世骇俗的精神分析学研究 …………… 044

第四节　从欲力到心理能量的演进 ……………… 053

第五节　古今第一美人局 …………………………… 061

第六节　内丹学中"炼精"的奥秘 ………………… 065

第三章　玄关一窍——开启精神力量的奥秘之门 …… 073

第一节　内丹学中玄关一窍的意义探究 ………… 075

第二节　从心理学视角解读玄关一窍 …………… 079

第三节　开启玄关一窍的方法 …………………… 086

第四节　元神真意与超越功能 …………………… 092

第五节　行难知亦难 ………………………………… 099

第四章　心理学视角下的内丹修行——一条心灵成长之路 … 103

第一节　打坐与内观 ………………………………… 105

第二节　新瓶装旧酒 ………………………………… 111

第三节　"止念"的心理学原理 …………………… 117

第四节　深层心灵世界的探索 …………………… 124

第五节　情结与阴魔 ………………………………… 127

第六节　心灵成长的终极目标 …………………… 131

第五章　内丹学的发展困境及新方向 ………………… 137

　　第一节　时代的精华 ………………………………… 139

　　第二节　魔咒与怪圈 ………………………………… 141

　　第三节　文字的牢笼 ………………………………… 144

　　第四节　继往圣之绝学，开现代之新路 …………… 150

　　第五节　内丹学的当代价值 ………………………… 157

主要参考资料 ………………………………………………… 163

 序言

丹道（内丹）是以天人合一思想为指导，对人身心持续训练和改造的修炼方法。其渊源最早可以追溯至原始先民的巫文化，核心思想在《庄子·外篇·在宥》的黄帝问道广成子、《楚辞·远游》等中已有体现。内丹学经历了数千年的发展，不仅形成了庞大、完备的理论体系，还积累了丰富的实证经验和师承文化，是华夏无数先贤的智慧结晶。

长久以来，内丹学一直伴随着哲学和宗教的发展而发展，但是在科学文化为主流的现代社会中，却未能散发出其应有的光芒。我国近代曾用科学方法发起过对内丹学的多次探究。特别是20世纪80年代，在著名科学家钱学森的倡导下，我国掀起过一场人体科学的研究风潮，投入了大量的科研力量，结果却不尽如人意，探索之路屡遭挫折，步履维艰。

心灵无界

这里的原因复杂且多样，我认为集中采用了物理学、生化学的研究方法，而忽视了心理学的方法，是其中一个重要原因。内丹学体系的核心原则是"性命双修"，即身体、心理同步训练和发展。如果在研究中只侧重物理及生理层面的观察、测量，势必很难窥得人体科学的全貌。本书中，我们越过各种复杂的派别理论和修炼细节，只对内丹学中的核心概念进行梳理，并从心理学视角对其进行深入考察。

内丹学和心理学看似两个不同的体系，却有着千丝万缕的内在联系。首先，这两个体系的核心研究对象都是最神秘、复杂的"精神-心理"现象。其次，在心理学和内丹学中，虽然有些概念的表述不同，但是概念的内涵却高度重叠甚至互补。此外，现代心理学的发展，也受到过内丹学思想的影响，比如瑞士著名心理学家、精神分析流派代表人物卡尔·荣格，其核心理论集体无意识、自性化等受内丹学影响很大。而在荣格影响下，马斯洛发展出了后来的人本主义心理学，以至再往后的超个人心理学等。所以这两个体系之间的联系是值得深入探究的。

本书中，我们将通过心理学视角，对心理学和内丹学两个

序言

体系对比考察，以期待得到一些新的认知，找到一条科学理解内丹学的路径。用心理学这把钥匙，打开内丹学宝藏的大门。在心理学理论和实验的帮助下，使我们对内丹奥秘产生更深刻和更清晰的理解。丹道思想中蕴含着华夏文明的精神内核，有着强大的生命力。这是全人类的宝藏。破除迷雾，剔除糟粕，继承发展丹道精髓，意义深远，我辈义不容辞。

第一章

先天元神与集体无意识

> 中华内丹学历经几千年的传承和发展，充满了神秘色彩。对于普通人来说，内丹学就像一座神秘的宝藏，既令人向往又难以企及。丹经著作种类庞杂，浩如烟海，一部《道藏》就有五千四百余卷，让人眼花缭乱。此外，文献中各类隐喻和晦词，如：铅汞、龙虎、婴姹、周天等等，更让人如坠云里雾中。然而，举一纲而万目张，解一卷而众篇明，内丹学中，有一个极为关键的概念——"先天"，它是一把能够打开宝藏大门的钥匙。从这个概念出发，我们能剥茧抽丝，逐步把握内丹学的精髓。

第一章

水不足から地下水汚染へ

第一节 内丹学中"先天"的意义探究

在内丹修行中,公认的修炼流程为筑基炼己、炼精化气、炼气化神、炼神还虚四个阶段。虽然内丹学中有百日筑基之说,然而对于多数普通人而言,筑基已经是一个难以跨越的阶段。对身体机能加以修复、补益,达到精气神充足的过程叫作筑基炼己。严格来讲,筑基只算是养生的功夫,还不能算是丹道的功夫。真正内丹修炼的起点是一阳来复,玄关窍开,而后联通"先天"。《悟真篇》中写道"一阳才动作丹时,铅鼎温温照幌帏",描述的就是一阳来复时的情境。能否打开"先天"通道,是内丹修行的一个分水岭,跨过去才是真正"炼丹"的开端。

内丹学认为,普通人的生命发展要经历出生、成长、衰老、死亡等过程。这是一个从先天不断转化为后天的过程。人如果能经过修行,从后天返还先天,则可超凡入圣,摆脱生死,因此有"顺为凡,逆为仙"的说法。后天返还先天的原理是内丹修行的根本准则。内丹学中几乎所有的秘密都隐藏在"先天"这一概念之中。

"先天"一词在内丹学中有着怎样的含义呢？清代四川学者刘沅在《正讹》中写道"先天后天四字，始于孔子，止言未有天地之前、既有天地之后耳"，认为"先天后天"四个字最早始于孔子，有多层含义："以天地言，则未有天地，既有天地之谓；既有天地矣，则天地是先天，生人生物为后天；以人言，未生以前为先天，既生以后为后天。以生我者言，天地是先天之父母，父母是后天之天地。"对个体而言，未出生前为先天，出生之后为后天；在种群层面，上一代（父母）是后代的先天；在大自然层面，宇宙（天地）是所有生物的先天；最后，宇宙起源（道）是天地的先天。刘沅对先天的内涵做了整体概括。

内丹学中，有着"两重天地，四个阴阳"的形象比喻。清代全真道龙门派宗师刘一明在《悟元汇宗》中解释："两重天地，先天后天也。四个阴阳，先天后天阴阳也。先天阴阳以气言，后天阴阳以质言……金丹大道，取其气而不取其质，于后天中返先天，故曰：先天大道。"刘一明认为先天的特点是像

第一章 先天元神与集体无意识

气一般虚无缥缈，后天的特点是有实质形态。

总结起来，对人身而言，未生前为先天，既生后为后天。广义地讲，先天代表的是原生的、起源的，后天代表的是派生的、具体的。先天的特点是无形无相，后天的特点是有形有质。在支配关系上，先天为主宰，后天为承载。这些是先天、后天在内丹学中的根本含义。

按照先天和后天的划分方法，结合精、气、神的概念，内丹学中提出了先天精、气、神即元精、元气、元神，和后天精、气、神即交感精、呼吸气、思虑神的说法。有关先天与后天精、气、神的本质问题，《修真后辩》中写道"心印经曰：上药三品，神与气精。恍恍惚惚，杳杳冥冥，视之不见，听之不闻""曰恍惚、曰杳冥、曰有无，则为无形之物可知""后天之精，交感之精；后天之气，呼吸之气；后天之神，思虑之神。三物有形有象，生身已后之物"。从描述中可知，后天的精、气、神指的是人的情欲、呼吸、思虑等，是我们日常熟知的一些事物。这些理解起来比较容易。而先天的元精、元气、元神是恍惚缥缈，无形无质，看不见、听不着的东西，这些到底是什么呢？

心灵无界

先天精、气、神的概念让人非常困惑，我们很难在日常经验中找到其对应物。张三丰在《道言浅近说》中写道"凡丹旨中，有'先天'字、'真'字、'元'字，皆是阴阳鼎中生出来的，皆是杳冥昏默后产出来的，就如混沌初开诸圣真一般。以后看丹经可类推矣"，表明在丹经著作中，凡是带有"元"和"真"字样的，如元神、真息等都属于先天的范畴。虽然先天精、气、神的概念非常抽象，但是历代的内丹大家都告诫人们：能否掌握和运用先天的元精、元气、元神是修行成败的关键。

内丹学认为先天的精、气、神是修炼的根本，是整个体系的核心。张伯端在《金丹四百字》中写道"炼精者，炼元精，非淫佚所感之精。炼气者，炼元气，非口鼻呼吸之气。炼神者，炼元神，非心意念虑之神"，其中指出，内丹修行炼养的精、气、神不是后天的而是先天的。有关先天的元精、元气和元神的论述是所有丹经的核心主题。

在《玉清金笥青华秘文金宝内炼丹诀》（以下简称为《青华秘文》）中引用张载的话来描写先天元神："夫神者，有元神焉，有欲神焉。元神者，乃先天以来一点灵光也。欲神者，气

第一章　先天元神与集体无意识

质之性也。元神者，先天之性也。"王道渊在《入药镜注》中这样解释先天元气："先天炁，后天气，得之者，常似醉。先天炁者，乃元始祖炁也。此祖炁在人身天地之正中，生门密户悬中高处，天心是也。"《天仙正理直论》中这样描写元精："先天炁精，俱是无形之称。在虚极静笃时，则曰先天元炁，及鸿蒙将判已有判机，即名先天元精，其实本一也。"这些是丹经著作中对元精、元气、元神的解释。

历代祖师发慈悲心，传承古道，著书留世，奈何我辈智慧浅薄，在这些文字间兜兜转转，不是被引入形而上的哲学范畴而迷惑，就是被带进宗教神秘中而困扰，难以获得一种清晰透彻的认知。造成这种困境的根源在于，我们研究的对象大多都是内在体验和主观感受。如同元精、元神等概念，不仅远离我们的经验世界，有时甚至远离我们的可认知世界，具有无形无质、恍惚杳冥、不可见闻等特点。这让人想到，在心理学领域，有些研究课题也面临类似的困难。因此如果能在这两个体系间建立某些联系，从心理学角度来考察这些问题，一定可以得到一些全新的认知。

第二节　神秘的集体无意识

　　瑞士著名精神分析专家、分析心理学创始人卡尔·荣格认为心灵包括三个层次：意识、个人无意识和集体无意识。意识是人心灵中可以被直接感知到的部分，以自我为核心，由各种感知觉、记忆、思维和情感组成。个人无意识是曾经进入意识而后被压抑或遗忘的内容。集体无意识是指由遗传保留的无数同类型经验在心理最深层积淀的人类普遍性精神。集体无意识理论的提出具有非凡的意义。它让我们对人的精神结构有了更深刻的认识，同时也让我们能够从科学心理学的角度，重新理解那个一直包裹在层层迷雾中的神话与仙佛的世界的真实性。

　　集体无意识是人格结构的最底层，是人类存在以来，甚至可以说是有机体存在以来，亿万次人的社会活动的一种心理积淀。它经由种族遗传的方式传达给个体，是超越所有文化和意识的共同基底，是世世代代的活动方式和经验在人脑中的遗传痕迹。意识和无意识现象都是在集体无意识的基础上生长出来

第一章　先天元神与集体无意识

的。荣格曾用海岛做比喻：高出水面的小岛代表人的个体意识；由于潮汐运动露出的岛的水下部分，代表个人无意识；而所有孤立的海岛最终为基地的海床就是集体无意识。

荣格在考古学、人类学和神话学的研究中发现，某些表现在古代神话、传说和原始艺术中的意象，反复地出现在许多不同的文明民族和野蛮部落中。例如：古希腊神话中，大地母神是开天辟地时由混沌所生，她又生了天空、海洋、山脉。与此类似，我国神话中有盘古开天辟地，由混沌而出，眼睛化成日月，身躯化成山脉、河流。它们都描述了一个混沌创世的意象。特洛伊之战中的海伦、周王伐纣中的妲己，都是一个能够引发战争、带来灾难的美人的意象。此外，在许多民族的远古神话中都会出现力大无穷的巨人、预卜未来的先知、自我牺牲并担负拯救使命的英雄等意象。为什么这些地理隔离、独立发展的文明或部落，它们的神话意象，在结构上有着惊人的相似之处呢？

不仅是神话和传说，在各宗教和原始艺术中常常有花朵、十字、车轮等意象。荣格写道："它在每一种文化中都曾出现过。今天我们不仅在基督教堂内，而且在西藏的寺院里也能找到它""既然它产生于车轮还不曾发明出来的年代，也就不可能起源于任何来自外部世界的经验而毋宁是某种内心体验的象征"。荣格推断，这些出现在不同民族远古神话中、有着共同形式的原始意象，其背后一定有它们赖以产生的共同的心灵土壤。这些反复出现的超个人的原始意象，揭示了人类远古生活的共同经验，表明了人类共同的、普遍一致的深层无意识结构，即集体无意识。

荣格发现在人类的梦、各种幻觉以及艺术创作中蕴藏了一些并非来自个人经验的意象。这些意象和人类历史中流传的神话、传说主题有着惊人的相似度。在一个研究中，他写道："最重要的神话主题在其全部可能性方面对所有的时代和种族而言是共同的。事实上，我已经在患精神错乱病症的纯血统黑色人种的梦与幻想中证明了来自希腊神话的全部神话主题系列。"在这个实验中，在当时的环境下，作为研究对象的黑色人种没有任何关于古希腊神话的知识，然而研究者在他的梦中找到了希腊神话中的全部主题。人类心灵发展的各个方向，都有着一个共同的基底，这个基底可能立足于极其遥远的洪荒时代。

各个文明中存在着相似的神话和传说，存在着各种类似的

第一章　先天元神与集体无意识

原始意象——上帝与魔鬼、光明之神与黑暗之神、普罗米修斯盗火与夸父逐日，等等。荣格认为，这些超越个体且普遍存在于不同文明中的意象，是人类心灵底层的共同模式的反映。以唯物主义观点看，这些共同的模式不是客观存在的。但是，它们在心理结构中，是一种稳定的主观存在。荣格称这些共同的模式为原型。它们跨越时空的限制，穿梭于各个时代各个文明之间，以不同的意象和形式，无数次地被激发和复活，悄无声息地影响着每一个人，左右着整个社会的发展。这些原型背后隐藏着的集体无意识的力量，是人类精神世界中最神圣和最永恒的存在。

集体无意识是一种跨越种族、文化、地域的精神实在，是所有人类心灵的底层基础，荣格写道："选择'集体'一词是因为这部分无意识不是个别的，而是普遍的。它与个性心理相反，具备了所有地方和所有个人皆有的大体相似的内容和行为方式。换言之，由于它在所有人身上都是相同的，因此它组成了一个超越个性的共同心理基础，并且普遍地存在于我们每一个人的身上。"这也可以解释，为什么不同语言、文化的人之间是可以相互理解的，所谓"天下无二道，圣人无二心"也是

心灵无界

这个道理。

《摩诃婆罗多》是印度古老的神话史诗，当中提到宇宙中存在一种非实体物质，它记录了所有的事件，并且包含了宇宙中所有的信息和知识，称为阿卡西记录。阿卡西直译过来是宇宙本源的意思。传说它相当于一个宇宙图书馆，记载着宇宙所有的历史，每时每刻所产生的一切思想、言语和行动，里面存在着每个人的旅程，记录着每一个人的前世今生。这个传说的描述与荣格的集体无意识的特性有很多相通之处。我们不知道荣格的理论是否受到过这个传说的影响，但是集体无意识发挥着类似于这种宇宙图书馆的功能。

集体无意识可以看作是一个人类精神的宝库，但是它的内容并非如同我们的记忆一般可以提取。荣格将与集体无意识同层面的原型、同时性原理等视为限制性的概念，认为它们本身并不对人类的理性开放。这一点，荣格深受康德的影响。康德认为对待上帝、灵魂不朽等概念，我们只能信仰，但终究其为何物，终不可知。相比较于康德，荣格走得更远些，他认为透过象征的表现，如做梦、绘图、神话等，我们可以间接地触及这些限制性概念，只是我们不能直觉到它们，因此，对它们不可能拥有真正积极的感知。

荣格写道:"集体无意识是精神的一部分,它与个人无意识截然不同,因为它的存在不像后者那样可以归结为个人的经验,因此不能为个人所获得。构成个人无意识的主要是一些我们曾经意识到,但以后由于遗忘或压抑而从意识中消失了的内容;集体无意识的内容从来就没有出现在意识之中,因此也就从未为个人所获得过,它们的存在完全得自于遗传。"正如我们的身体有其历史一样,心灵也有其历史。在漫长的进化过程中,无数的祖先经验沉积了下来,然而这些沉积存在的形式不是知识,不是记忆,也不是鲜活的经验,而是高度凝缩的共同的潜能。

第三节　原型的力量

集体无意识的内容是由高度凝缩的共同模式——"原型"构成的。原型的概念最早可以追溯到古希腊,它的本义是指

"原始模式"。在哲学中，最早谈到原型是在柏拉图的哲学理论里。荣格说："在柏拉图那里，原型却被赋予了极高的价值，它被视为形而上的理念，视为理式和范型，而真实的东西却被认为仅仅是这些理式的摹本。"荣格借鉴了柏拉图哲学里原型这一概念，并把它引入了自己的理论。

通过对大量神话母题进行考察，荣格总结出很多重要的原型，如：人格面具、阿尼玛（男性中的女性化一面）、阿尼姆斯（女性中的男性化一面）、再生原型、大地母亲原型、阴影原型等等。荣格说："人生中有多少典型情境就有多少原型，这些经验由于不断重复而被深深地镂刻在我们的心理结构之中。这种镂刻，不是以充满内容的意象形式，而是最初作为没有内容的形式，它所代表的不过是某种类型的知觉和行为的可能而已。"如果把一个人的人格或行为比作一棵大树，那么原型更像是一颗种子，它不是具体的树干或枝叶，但却包含了一棵树的全部的可能性。原型是集体无意识中彼此分离的结构，它们还可以结合产生合力。例如英雄原型与魔鬼原型结合后，其结果可能是"残酷无情的领袖"这种人格类型。

第一章　先天元神与集体无意识

原型是人格形成过程中的根本动力，是比人类本能更基础、更深层的结构。荣格认为："我们有充分理由认为原型实际上就是本能的无意识形象，换句话说，也就是'本能行为的模式'。"原型拥有着巨大的精神力量，是我们心灵世界真正的主宰。荣格写道："原型的影响激动着我们，因为它唤起了一种比我们自己的声音更强的声音。一个用原始意象说话的人，是在同时用千万个人的声音说话。"

历史上，伟大的艺术作品跨越不同年代、不同文化，还能引起人们的强烈共鸣，正是因为其反映出的是原型主题。《圣母子与圣安娜》是达·芬奇最著名的人物油画作品之一。弗洛伊德认为这幅画的创作灵感来源于达·芬奇有过两个母亲的童年经历。荣格不同意这种观点，他认为这幅画表现出一个更普遍的、常见于各宗教和神话中的母题，即"双重母亲"母题。进一步可以引申出"双重血统"的母题，如古希腊神话中的赫拉克勒斯同时从人和神的父母获得血统，古埃及法老的人神合一、神圣孕育和诞生，基督的两次诞生等。这一观念隐伏在所有再生神话之中。正是隐藏在画作背后的原型主题的力量，使得这幅画作被赋予了无限的魅力。荣格写道："艺术的社会意

心灵无界

义正在于此:它不停地致力于陶冶时代的灵魂,凭借魔力召唤出这个时代最缺乏的形式。艺术家得不到满足的渴望,一直追溯到无意识深处的原始意象,这些原始意象最好地补偿了我们今天的片面和匮乏。"

《易经》是中华民族五千年智慧的结晶,是我国最早的有型符号系统。这本著作之所以魅力无穷,也是因为其表达的主题都是原型主题。《易经》表达了先民最初的心理结构与思维方式,它描述的不是个别事物的规律,而是宇宙万物总体的、普遍的结构和模式。《张其成全解周易》中写道:"易学符号来源于对宇宙万事万物的'仰观俯察'、抽象综合与逻辑归纳,又被用来模拟、说明万事万物——宇宙生命的本原、生成、变化、结构以及人的道德伦理、自我修炼……易学符号揭示的是宇宙万物总体的、普遍的、同一的结构运动规律。"

《易经》的六十四卦描述了六十四种典型情境,亦即六十四种情境原型。每个卦的卦辞都描述了该卦的情景主题。例如乾卦象征事物发展的情境,同人卦象征人际相处的情境,困卦象征着陷入困境的情境等。乾卦在形式上为六个阳爻,代表着至刚至阳,象征着能够主宰宇宙万物的总体规

第一章　先天元神与集体无意识

律，其象征意象为天、龙、君主等。六个阳爻象征着具体情境下的六个阶段，即：初生弱小阶段（潜龙）、崭露头角阶段（见龙）、略有所成尚不稳固阶段（君子乾乾）、已有所成快速发展阶段（或跃在渊）、到达巅峰鼎盛阶段（飞龙）、衰退阶段（亢龙）。荣格初次接触到《易经》时，曾经被这本来自古老东方的奇书深深震撼，一度沉迷其中而不能自拔。他写道："当西方人正小心翼翼地过滤、计量、选择、分类时，中国人《易经》的卦象却能包容一切，直至最精致、最细微、超感觉的部分。"

　　塔罗牌是西方古老的占卜工具，中世纪起流行于欧洲，其起源一直是个谜。作为一种占卜工具，每张牌都描绘了一个母题：太阳、审判、世界、皇帝等等。这些绘画母题具有大量的原型特征，是原型性质的精神的具象化表达。萨利在《原型之旅》中写道："所有文化，所有年龄的人都曾梦到过、讲述过、歌唱过这样一些原型形象：母亲、父亲、恋人、英雄、魔术师、愚者、魔鬼、救星、智慧老人……塔罗牌中绘制了所有这些原型形象。"类似的还有占星术一类的占卜工具，这些工具的有效性来源于其反映的主题，是人类千万次生命旅程中，不断重复的那些凝缩的、共通的、典型的命运模式。对原型的具象化和应用是这些神秘工具的奥秘之源。

集体无意识理论从科学心理学的角度向我们揭示：人在出生时并非是一张"白纸"，而是同时携带着千百万年的"前世记忆"。如果从进化论角度看，这些"前世记忆"不仅限于我们的人类祖先，还包括更久远的"猿人"时代的经验、更古远的生命起源的海洋时代，乃至单核细胞时代的种种经历。这些"前世记忆"以一种独特而隐秘的方式代代相传。

一个人与自己的祖先或后代之间、与社会中的其他人之间，并非只有单纯的文化传承或经济关联，而且还有着一个更深的心灵层面的关联关系。一个人的出生和死亡仅仅是个体精神的涌现和结束，但更深层的集体精神却一直在延续和发展，从未间断。从生命历程上看，个人意识就好像生长在田野上的花朵，一年四季，花开花落；而集体无意识如同大地，滋养万物，道隐无名。集体无意识是生命真正的主宰，个人意识犹如滔滔江水中的一叶扁舟，看似漂荡自由，实则全凭江水的承载，顺流而下。

第四节　两个体系的碰撞

　　集体无意识的概念是荣格在对考古学、人类学和神话学进行研究时发现并提出的。实际上，在人类的历史中，在一些古老而神秘的宗教或哲学中，类似的概念早已存在，例如佛教中的阿赖耶识，以及我们内丹学中的先天元神等。荣格的贡献在于他从科学心理学出发，利用现代科学的研究成果，为我们展现了一个全新的认知视角，开阔了我们的视野。

　　把内丹学和心理学两个体系进行比较，我们会得到很多启示。在荣格关于人类心灵结构的理论中，个人意识部分（意识和个人无意识）正对应着内丹学中的后天识神的概念，而集体无意识对应着先天元神的概念。至于先天的元精和元气，可以理解为集体无意识的动力方面的特性。元精和元气的具体内容，我们会在下一章详细论述。接下来，让我们考察一下元神和集体无意识两个概念之间的种种联系。

　　内丹学认为先天是后天的基础和起源，常常用五行学说来比喻，如《悟真篇》中有"二物会时情性合，五行全处虎龙蟠""四象五行全藉土，三元八卦岂离壬"等，借用五行学说中木生火、金生水比喻先天和后天的关系，即元神（木）衍生出后天之神（火），元精（金）衍生出后天之精（水）。《青华秘文》中有"元神见而元气生，元气生则元精产矣"，认为元神是生命化生的根源。荣格认为意识和无意识现象是从集体无意识中生长出来的，集体无意识是意识的根源，这与内丹学中的理论是相似的。

在荣格看来，人的精神世界中存在着这样一个"神圣领域"，英雄、自我牺牲、重生、正义与邪恶等这些世代相传、令人着迷的永恒主题都源自那里，它以一种隐秘的方式左右着整个社会的发展和人类的命运。内丹学中把这个世界称作先天道境。如果把饮食男女、生存繁衍等人类本能视作人的兽性，把温良恭俭让、礼义廉耻视作人的人性，那么这个先天之境就可以视作人的"神性"。内丹学中先天的含义与集体无意识的这一特性是完全一致的。

内丹学常用无形无质、恍惚杳冥等词语来形容先天事物，如《道言浅近说》中写道："凡丹旨中，有'先天'字、

第一章　先天元神与集体无意识

'真'字、'元'字，皆是阴阳鼎中生出来的，皆是杳冥昏默后产出来的。"我们发现，如果用这些词语来形容集体无意识，也非常恰当。无法被理性所直觉，无法被意识所认知，这是内丹学中的先天事物和集体无意识中原型的共同特征。面对同样的难题，在两个体系中分别发展出了各自不同的方法和技巧。

按照精神分析的理论，原型本身是无意识的，无法被直接认识，但是可以通过分析原始意象的象征意义间接地接触到。荣格总结出通往原型的三条路径：梦的分析、积极想象技术和在恍惚状态下的幻想中。在精神分析中，需要用分析象征性的方法，理解意象背后隐藏的含义，如解谜一般，逐步揭示无意识世界的秘密。

荣格讲过一个梦的分析案例，一个患有高山病症状的来访者，在治疗中做了这样的梦："他乘坐火车赶往一个重要会议，火车在一处本应减速的弯道处，司机却完全打开蒸汽阀门，火车全速前进，结果冲出了轨道。"这背后，是来访者心灵深处在向他发出警告：他的努力和野心已经远超出他的能力所能承受的范围。高山病症正是这一状况在躯体上的表现：他不能再往上爬了。我国著名心理学家朱建军讲过一个梦例："一个年轻人，在结婚前做了一个梦，梦见自己被关进监狱，这个年轻人的潜意识中表达了他认为结婚会失去自由的想法。"梦的解析是精神分析中最常用的一种方法，弗洛伊德称之为通往潜意识的康庄大道。这种方法对分析师的个人素养和经验都有着极高的要求。

不同于精神分析，我们的先贤们发明了无为的方法，找到了一条通往这个神秘的先天世界的独特路径。我们的先贤们智慧过人，很早就发现，人的认知是有极限的，意识是有边界的。超出我们意识世界之外的"先天之境"无法用平常方法触及，也很难用思维和语言来理解和表达。在内丹和禅宗的修行体系中常常能见到"无为"和"无心"的说法，如《吕祖百字碑》中有"养气忘言守，降心为不为"，《悟真篇》中有"但见无为为要妙，岂知有作是根基"，法融禅师有诗句"恰恰用心时，恰恰无心用"。无为和无心都是说不要用后天的意识去认知和思维。内丹学主张遣欲和澄心，如《清静经》中有"遣其欲而心自静，澄其心而神自清"，主张清净无为，于定静中求端倪。通过这种方式达到体悟真如、明心见性、开启先天的力

第一章　先天元神与集体无意识

量的目的。

内丹学相信人经过修炼后能达到的最高境界是长生久视、与道合真。内丹学认为先天元神是不生不灭的，不会随着个体的死亡而消失。人经过特定的修炼，可以返还先天，与先天合一，如先天元神一样永恒。《太乙金华宗旨》中有："吕祖曰：天地视人如蜉蝣，大道视天地亦泡影。惟元神真性，则超元会而上之。"元会是古代计算天地生灭的时间单位，一元会相当于129600年。这里形容元神是不会消亡的，是永恒的。

同样，荣格认为集体无意识具有某种意义上的永恒性，它不会随着个体生命灭亡而消失，是一种超越个体且更真实的存在。在这个层次上，个体间的差异已经无足轻重，所有的人都是相同的。个人的心灵也不再是单个的有意识的心灵，而是融入了潜意识之后的心灵。他有这样一个比喻："如果允许我们将无意识人格化，则可以将它设想为集体的人，既结合了两性的特征，又超越了青年和老年、诞生和死亡，并且掌握了人类一二百万年的经验，因此几乎是永恒的。如果这种人得以存在，他便超越了一切时间的变化，对他来说当今犹如公元前一百世纪的任何一年。他会做千百年前的旧梦,而且,由于他有极丰富的经验,他又是一位卓越的预言家。他经历过无数次个人、家庭、氏族和人群的生活,同时对于生长、成熟和衰亡的节律具有生动的感觉。"

内丹学中的元神概念和分析心理学中的集体无意识概念之间,存在着千丝万缕的联系。作为一种隐秘而强大的精神实在,两者都被描述为个体意识功能的起源和生命发展的主宰。与转瞬即逝的个体生命相比,两者却能跨越无尽的时间维度,有着独立而不改、周行而不殆的特性。两者都是与生俱来的先天属性,是所有后天意识活动的动力来源。同时,两者都不属于见闻觉知,不能被理性所直觉,不能被意识所认知。所有这些恰合,都指向这样一个结论:元神和集体无意识是在两个不同的认知和术语体系下,对同一事物的发现和探索。内丹学与心理学碰撞出智慧的火花,使我们能从更多的角度来认知这一伟大的奥秘。

第五节　殊途同归，巅峰相遇

当内丹学的修行进入到炼气化神的高级阶段后，会出现一种被称为出阳神的现象。阳神也称为元婴、圣婴等，按照内丹学中的说法，当修炼到阴尽纯阳之时，便可身外化身。此化身入水不溺，入火不焚，阴阳不能铸，造化不能拘，与天地同长久。《悟真篇》中有"群阴剥尽丹成熟，跳出樊笼寿万年"；《玄机直讲》中有"炼之十个月，阳神脱体，一身能化千万身，只候十二月，夺尽天地全数，阳神已就……入金石无碍，入水不溺，入火不焚，刀兵不能伤，鬼神不能测，变化无穷，已成真人也"。内丹学中，阳神之说十分玄妙，从古至今，只有凤毛麟角的大修行者能够达到这个层次。

在《历世真仙体道通鉴》中记载着一个千里摘琼花的故事。相传，紫阳真人张伯端与一高僧相约神游扬州去看琼花。两人于静室中对坐入定，皆出神游。两人的元神来到扬州，紫阳真人说："今日与禅师至此，各折一花为记。"于是两人各折了一朵琼花回来。没多久，两人回过神，紫阳问："禅师琼花何在？"僧两袖空空，紫阳却拈出花来与和尚笑玩，遂成莫逆之交。弟子奇怪，问是什么原因。紫阳真人曰："吾金丹大道，性命兼修，是故聚则成形，散则成气，所至之地，真神现形，谓之阳神。彼之所修，欲速见功，不复修命，直修性宗，故所至之地，人见无复形影，谓之阴神。"

这个故事的真假我们暂且不论，但是通过这个故事我们可以对阳神产生一个很直观的认知：一种不受时空限制，聚则成形、散则成气，如同另一个"我"一般的独立精神实体。阳神是后天识神修炼后返还先天，与先天元神结合后的产物，但不等同于元神。那么阳神具体是什么呢？从心理学角度该如何理解呢？在荣格的集体无意识理论中，也描述过一个非常神奇的身外之"我"，它就是自性原型。

在对集体无意识中的各种原型进行考察时，荣格发现，如同意识世界有着自己的中心——"自我"一样，集体无意识也有着一个中心：自性原型。如果把自我理解成心灵的"小我"，那么自性原型则是心灵的"大我"。荣格说："自性不仅是个中心，而且是个包含意识和无意识的圆圈，它是这个整体

第一章　先天元神与集体无意识

的中心，正如自我是意识思维的中心""如果我们的生命能够尽可能地照顾到有意识和无意识的要求，那么整个人格的重心就不再是那个意识中心的自我，而是介于意识与无意识之间的一个虚点，我们可以称之为自性"。这个"大我"是人的整体，是永恒的人，是人的神性的象征。这个能够包容所有其他原型的原型就是自性。

荣格认为"自性"是人类全部潜能及人格整体性的一种原型意象。他认为人格的发展是一个不断认知、整合无意识对立面的过程，是从自我的小圈不断向外面自性的大圈扩展的过程。这是一条从自我认知、自我体验到自我整合，再到自我超越的生命升华之路。自性扮演着向导的角色，它引导、调节和影响人格发展。自性是人最为本质而真实的存在，是内里的"真我"。

荣格认为："意识是人身上一种个体化的，可分离化的因素；而无意识则是与宇宙结合的因素。"当无意识与具有丰富内涵的意识结合后，便进入了超个体的心灵领域，也因此获得了灵魂的重生。自性化是个人成长的顶点，是一种意识与无意识融合成一片的自身状态，一种超越两边的圆满结局。

心灵无界

《青华秘文》中有"先天之气纯熟，日用常行，无非本体矣，此得先天制后天无为之用也"，认为返还先天的实质，是利用先天力量制约后天，进而进行身、心的逐步转换。这与分析心理学中的利用自性原型引导人格发展、自我整合是一个相同的过程。内丹学中的阳神概念与自性原型、自性化的概念显然有诸多相似之处。

要想从科学心理学角度完全理解阳神的本质是非常困难的。阳神现象极为罕见，即使在中国古代，也只是在种种神话传说中偶有所闻。荣格在《金花的秘密》中写道："这种高级人格的制造和诞生就是我们这部经典在谈及圣胎、金刚体或不坏之躯时所要达到的目标""至于这种分离的意识最终将会如何，这个问题不应该问心理学家。无论他采取何种理论立场，都会无可奈何地超越其科学能力的界限"。可见，对于阳神这样如此奥妙的事物，这个时代最伟大的心理学家也只能望洋而叹。尽管如此，我们仍然可以从这些心理学研究中得到诸多启示，让那些一直埋藏在神秘玄学和迷信神话中的种种奥秘得见丝缕阳光。

如果从荣格的分析心理学角度出发去理解内丹学中后天返

第一章　先天元神与集体无意识

还先天的过程则是这样的：运用非意识（无为）的力量，联通、开启集体无意识。以自性为核心、为主宰，对意识和无意识进行不断的整合，使之蜕变。最终，超越小我完成大我，成为超越物我两分、具有先天永恒特质的精神存在。这是个多么宏大精美的构想！理解了这些，无论是谁，都会被古代先贤们的智慧所震撼。况且完整的内丹学修行和精神转换的历程要比这复杂和精巧得多。

毫无疑问，集体无意识是一个巨大宝藏，同时又遥不可及。它的奥秘让伟大的哲学家望而却步，视之为禁区；让伟大的心理学家也无可奈何。我们古代的先贤们，凭借高超的智慧和技巧，打通了这神秘禁地，直入不可思议之先天之境，经过世代的探索和传承，发展出了完整的理论体系和实践方法。

我们不能把心理学和内丹学中的概念简单地画等号或用心理学理论解释内丹学中的所有经验事实，但是开辟一个基于现代心理学的视角，对内丹学重新解读还是非常有益的。真正拥有生命力的事物，经得起时间的冲刷和岁月的洗礼，它能够穿越历史的长河，在新的时代里再次焕发生机。作为

心灵无界

我们华夏文明的精神瑰宝,丹道文化必然会在时代精神的感召下,涅槃重生,再度绽放光芒。下一章中,我们将深入探索与先天元神关系密切的另外两个概念——精与气,进一步领悟内丹学的奥秘。

第二章

精、气与心理能量

20世纪，英国汉学家李约瑟提出一个至今还困扰着国内外各界学者的难题：为什么像中国这样一个精神层次如此之高的民族没能发展出科学？这就是著名的"李约瑟之问"。其实，对于这个问题，其同时代的一位心理学大师荣格早已给出了答案，荣格说："这一定是一种错觉，因为中国的确有一种'科学'，其'标准著作'就是《易经》，不过和中国的许多其他东西一样，这种科学的原理与我们的科学原理完全不同。"

如果说近代西方科学的代表是物理学，其特点是基于理性主义，向外寻求对自然规律的认知和控制，以获得力量价值，那么中国"科学"的代表就是我们祖先创造的一种独特的"心之学",其特点是基于本能和直觉,向内寻求更伟大的精神存在,以获得永恒价值。这两个体系的差异也导致了中西方文化的差异。近代心理学的发展为这两个体系之间构建了一个很好的对话通道。中西方文明的碰撞与融合,让我们拥有更宏观的视野与更清醒的洞察,也为我们传承先贤智慧和弘扬华夏文明提供了新的动力。

第一节　炼丹三要素：炉鼎、药物与火候

在现代科学中，定义一个术语的首要原则是清晰、准确和高度区分，但在我国古代的学术体系中，术语定义的原则却是形象和传神。特别是当研究对象难以被理性直接把握时，大量的比喻和象征手法被运用。用比喻的方法命名的术语，如炉鼎、药物、火候等，在内丹学中比比皆是，是内丹学特有的一种命名文化。在当时科技不发达的条件下，这种命名方法极大地拓展了人类的认知边界，是我们古代先贤智慧的体现。

炉鼎、药物和火候是内丹学中三个非常古老的概念，被称为炼丹的三要素。这三者是借用外丹术中用铅、汞等矿石药物在炉鼎中炼制丹药的过程做比喻，把人体比喻成炉鼎，把精、气、神比喻成药物，把呼吸和思虑往来比喻成火候。虽然名为炉鼎、药物和火候，但实际上，三者都是某些特殊的生理和心理现象的指代。内丹学认为，在鼎炉安立、药物充盈、火候得当的前提下，经过长时间的锻造与凝聚，精、气、神能够融合

一体，成就金丹，进而实现生命的返本还源，长生久视。这三个要素是内丹学体系大厦的基石。

炉鼎是三要素中的第一要素。有关炉鼎的描述，在内丹学著作中随处可见，例如：在《周易参同契》中有"偃月法炉鼎，白虎为熬枢"；在《悟真篇》中有"安炉立鼎法乾坤，锻炼精华制魄魂"等。全真派刘一明更是把各类炉鼎术语，如偃月炉、朱砂鼎、玉炉、金鼎等，做了详细的汇总和解释。他在《悟元汇宗》下册第一章《修真辩难》中写道："古人以乾为鼎，坤为炉，盖取乾阳健、坤阴顺之义。乾鼎坤炉即是阳健阴顺也。所谓偃月炉、朱砂鼎，亦阴阳健顺之义。"在第四章《象言破疑》中写道："金鼎者，刚强坚固之物，喻人志念专一，能以载道之义，又名乾鼎；玉炉者，温柔平静之物，喻人工夫渐进，能以久远之义，又名坤炉。"可以看出，刘一明认为炉鼎是指修行者的身心及其状态，比如刚健或柔顺的精神状态、阳健阴顺的身心状态等。炉鼎是对人身体、心理及其整体状态的一个比喻。

火候是内丹修炼中的另一个要素，是内丹学最为玄妙的内容。自古有"圣人传药不传火"的说法。内丹学认为，火候是一种情境性、时机性很强的学问，无法用确切的文字说明白。

第二章　精、气与心理能量

如果盲目模仿，理解出现偏差，则会导致误入歧途，甚至走火入魔。《悟真篇》中写道"契论经歌讲至真，不将火候著于文"，认为至真之理可说，火候之理却不可讲，由此可见火候问题的特殊性。

伍柳派的《金仙证论》中写道"火者，呼吸之气也""引火者，即神呼气之法"，认为火就是指人的呼吸。另有"炼丹全凭火，以炼精。火者，神也"，认为火是指人的心理状态。《悟元汇宗》中对火候做了更为细致的分类："'曲江岸上月华莹'，生药之火候；'风信来时觅本宗'，采药之火候；'水生二药正真，若待其三不可进'，老嫩之火候；'铅遇癸生须急采，金逢望远不堪尝'，急缓之火候；'忽见现龙在田，须猛烹而急炼；但闻虎啸入窟，宜倒转以逆施'，用武之火候；'慢守药炉看火候，但安神息任天然'，用文之火候；'未炼还丹须急炼，炼了还须知止足'，温养之火候。"刘一明对文武、老嫩、采药、温养等各种类型和各种情景的火候及其形式和特点等，做了详细的描述。

总的来说，内丹学中的火候是指人呼吸的轻重缓急、匀深细长，也指人心理的紧张松弛等状态，有时也会和药物混为一谈。火候的运用就是精准调节人的呼吸和心理状态的技术。前一章我们介绍过，内丹修炼中有先天和后天的划分，对火候来说也是这样。这便涉及内丹学中另一个核心概念——"真意"，这个问题我们会在后续章节再详细讨论。

药物是炼丹三要素的核心要素。如果把炉鼎和火候比作车间和工具，那么药物就是要加工的原材料。《心印经》中写道"上药三品，神与气精"，其中明确地指出，内丹学中的药物就是精、气、神。在内丹著作中，精、气、神的别称有很多，如铅汞、龙虎、坎离、水火等等，十分繁杂。它们构成了各派丹经著作的主要内容，如：《悟真篇》中有"调和铅汞要成丹，大小无伤两国全""赤龙黑虎各西东，四象交加戊己中"等；《无根树》中有"金隔木，汞隔铅，孤阴寡阳各一边""欲向西方擒白虎，先往东家伏青龙"等；《入药镜》中有"铅龙升，汞虎降，驱二物，勿纵放"；《指玄篇》中有"青龙驾火游莲室，白虎兴波出洞房"。这些丹经中的种种描述，都是比喻之说，实际上都是在讲精、气、神的炼化问题。

在炉鼎、药物、火候三要素中，炉鼎是炼化药物的炉鼎，火候是炼化药物的火候，三者围绕着炼药成丹这一目标组织在一起。而内丹学中的药物就是精、气、神，所以整个内丹炼养的过程，都是在围绕着精、气、神进行各种操作。精、气、神是内丹修炼的根本。

内丹学中，精、气、神又被称为三宝，是生命的根本。《金丹四百字》中有"故此神气精者，与天地同其根，与万物同其体，得之者生，失之者死"，认为精气神是人生之所托、命之所寄。在内丹学看来，当精气神不足时，人就会生病；当精气神衰竭时，人就会衰老；当精气神用尽后，人就会死亡。反之，如果能炼养后天之精气神，返还先天之精气神，人就会精神饱满、健康长寿，乃至得道成仙。

第二节　内丹学中精与气的意义探究

那么精、气、神具体是什么呢？首先，对于"神"的概念，结合上一章，很容易理解：神就是指精神，并且有先天（元神）和后天（思虑神）的区分。我们在这里就不再赘述。

另外两个概念精与气，则是本章要论述的重点。因为精与气的问题，是整个内丹学体系的根本，这个问题不解释清楚，内丹学的大厦就无法构建。

在中国古代哲学中，精与气的概念没有严格的界限。《管子·枢言》中有"有气则生，无气则死，生者以其气"，《管子·内业》中有"凡物之精，此则为生。下生五谷，上为列星"，其中"精"与"气"的含义是相同的，是指宇宙万物产生的根本动力。

对于精与气的关系，《管子·心下术》中写道"一气能变曰精"，《管子·内业》中写道"精也者，气之精者也"，认为精与气之间是蕴含和转换的关系。《管子·侈靡》中更是将"精"与"气"合称为"精气"，写道"且夫天地精气有五，不必为沮……此形之时变也"，认为它们是一体的。虽然随着中医理论的发展，精、气在人身上被具体化成生殖之精和水谷精微等事物，但如果按照道家"有生于无"的原则，精、气的根本含义表述为生命的根本动力更为贴切。

按照内丹学理论，无形无质的先天精气是一切生命活动的动力和根本，是生命力的来源。《直论九章》中写道"先天炁

第二章　精、气与心理能量

精,俱是无形之称。在虚极静笃时,则曰先天元炁,及鸿蒙将判而已有判机,即名先天元精,其实本一也",认为先天的精、气没有本质的差异,是同一个事物的不同阶段而已。内丹学中,精与气常被连在一起讨论,被看成是同一个事物的两面。精是形式和基础,气是动力和动因;精是机能,气是强度。精、气、神三者有这样的关系:精是生命力的形式,气是生命力的动力,神是生命的主宰。

对人身而言,精、气分为无形无质的先天精、气和有形有质的后天精、气。内丹学中以先天的精、气为炼养之根本。陈致虚在《金丹大要》中写道"以人身中之精而言,乃后天地之精。若论还丹,却非此精",认为人身之精是后天精,不能用于内丹的修炼。刘一明在《修真辩难》中写道"故大修行人,炼先天元精,而交感之精自不泄漏",认为炼养先天元精是根本,先天元精是后天精的基础。白玉蟾说"人身只有三般物,精神与气常保全。其精不是交感精,迺是玉皇口中涎",认为先天的精气神是人生身立命的根本。这些都说明先天之精、气的重要性。

虽然先天之精、气是根基,但修行却要从炼养后天开始,逐步返还先天。安炉立鼎是把身体和精神调整到一个极佳的健康状态。内丹学认为只有具备了一定的身体条件才能够进入正式的炼丹阶段。对身体机能加以修复、补益，使之达到精、气、神充足的过程叫作筑基炼己。筑基阶段的功夫主要是针对后天精气神的炼养和补足。

黄元吉在《道门语要》中写道"炼精者必炼元精，而后天交感之精亦不可损；炼炁者必炼元炁，而后天呼吸之气亦不可伤；炼神者必炼元神，而后天思虑之神亦不可灭……欲完先天精气神，非保后天之精气神不得"，在《乐育堂语录》中写道"不动心，不动气，不过劳过逸，自然后天气旺，先天元气自回还于五宫之地"。黄元吉主张先天为本、后天入手的修行原则，认为如果后天之气炼养得当，先天之气自然会回归。

张伯端在《悟真篇》中写道"但见无为为要妙，岂知有作是根基"，认为炼养无为的先天，要从后天的有作入手。刘一明提出"还丹最易，炼己至难。若不炼己，而欲还丹，万无是理"的说法，认为锻炼好后天的心性和身体，使得精满、气足、神旺，三宝充盈，是联通先天的先决条件。因此，对修行而言，炼养后天之精、气、神也具有非常重要的意义。

第二章　精、气与心理能量

先天精、气与后天精、气之间存在着转化关系。先天精、气通过转换成后天精、气的形式以发挥作用和消耗。《道门语要》中写道"盖先天者，道之体也；后天者，道之用也"，认为先天与后天的精、气是本体与施用的关系。《天仙正理》中有"触色流形，变而为后天有形之精"，认为各种情欲触动后，先天之精会变成后天之精。

关于后天之精的本质，有些人认为，后天之精就是特指男性生殖之精。显然，这种说法用在女性身上并不合理。现代生理学对人的生殖功能的机理已经研究得非常透彻，生殖之精不存在转化成其他物质的可能性。这种解释无法支持内丹学中的精气炼化之说，因此过于狭隘。

《金丹秘要》中有"欲事一作，撮三焦精气，从命门而泻。即无欲事，而欲想一萌，命门火动，精气流溢，不复归根，不泄犹泄也"，认为精的消耗并不是在男女房事或生殖之精损失的时候才发生，而是当欲望萌发时，精的消耗就已经发生了。《玄肤论》中有"故吾所谓破者，乃自气机之动者而言之，非谓必待于交感氤氲而后谓之破也……先天之体既破，后天之用遂行；后天之用既行，先天之真愈隐矣"，认为先天向后天的转换，在气机、欲望萌动后就产生了，并且后天的精气用得越多，先天精气被遮蔽得就越深。这进一步证明先天和后天之精的转换，并不限于男女房事行为。

《钟吕传道集》中写道"思虑愁恼，其耗炁也，如漏鼎中之炁。淫邪祸乱，其走精也，如析釜下之薪，补下精之道，非但绝色，而房中最急"，认为一切的思虑烦恼、逐色逐欲都会消耗精气，其中性欲房事方面消耗最大。内丹学中，精的涵盖范围很广，涉及一切欲望和思虑问题。

综上所述，单纯地把后天之精理解为生殖之精是片面的，并不可取。如果从身心二元角度去理解，把后天之精解释为人的各类情欲能量，特别是性欲能量，则更加准确。

后天之气，常指人的呼吸之气。因为呼吸是人的各类生理活动的维系基础。从广义来讲，后天之气是指各类生理活动的推动力和强度。所以合并在一起，把精、气理解为各类情欲、性欲、思虑的动力和强度最为准确。这与前面对精、气根本含义的分析，即精、气是生命的根本动力，是一致的。人的所有的行为和活动，都是受到自身情欲或思虑的推动。情欲和思虑的推动力是生命动力的具体形式。

第二章　精、气与心理能量

理解了内丹学中精、气的根本含义，接下来，我们一起来考察一个非常有争议的问题。内丹学中的不同派别在发展过程中，对于元精和后天之精的区分和利用的问题，出现过较大的分歧。依据不同的理解，甚至分裂出清修和阴阳双修两个修行派别。

讨论这个问题前，我们需要对几个经常被人误解的名词做一下特别说明。内丹学讲"性命双修"，其中"性"是心性，是指人的精神或心理，"命"是指人的躯体。这里的"双修"是指对人的精神和躯体同时锻炼。这里的"性"与现代社会中常用的生物的生殖或性欲方面的意思不同。而阴阳双修派中的双修是特指其修行体系中有男女共修的方法。"双修"一词在两个语境中的含义是完全不同的。

在清修派看来，人之一身，自具阴阳，独修即可结丹，需要绝对禁欲，而所谓的阴阳双修是旁门左道，甚至有些方法就是淫邪行为。王重阳创立的全真派为清修一派的代表。双修派则认为，自然之道是阴阳相交生化万物，孤阴独阳不成丹。按照《易经》所说："一阴一阳之谓道。"阴阳，在人表现为男、女，因此阴阳双修派主张男女双修，不可单行。双方的分歧表面看起来是方法上背道而驰，实际上是对"精"的理解和运用上出现分化。

那么先天之元精的本质是什么？后天之精如何利用、如何转化？为什么是性欲能量，和其他欲望能量有何不同，它有什么特别之处？内丹学中，这些问题表述得比较模糊，这导致各派对精的理解上产生了分歧，导致了分裂的局面。无独有偶，类似的问题在心理学历史上也曾有过，同样产生了巨大争议，并导致了精神分析学派的分化。接下来让我们一起考察一下这些心理学研究，或许能给我们带来启发。

第三节　惊世骇俗的精神分析学研究

西格蒙德·弗洛伊德是奥地利精神病医师、心理学家、精神分析学派创始人。他开创了潜意识研究的新领域，促进了动力心理学、人格心理学和变态心理学的发展，是20世纪最具有影响力的思想家之一。他的研究极大地拓展了对性欲本质的

第二章 精、气与心理能量

理解。因为其理论的艰深和惊世骇俗，常被扣上泛性论的帽子，导致人们对他有诸多误解。弗洛伊德以其天才的洞察力，揭示出性欲本质的二元混合属性。性行为从表面看起来，表现为一个整体单一的功能，但实际上却是由两种功能叠加形成。一种是生殖功能，第二种可叫作快感功能。快感功能简单地讲，就是消除机体紧张、获得快乐的功能。

从自然的角度来看，有这样一个困扰：几乎所有动物都有一个固定的发情期，并且只在发情期才表现出强烈的性欲和性征，而人却一直都有。如果从遗传进化角度理解，可以认为繁殖能力强的男性会有更多后代，因而性欲强这一基因特征被不断强化。但是，用这种理论来解释女性个体，则有些牵强。特别是怀孕期女性，生殖功能已经没有必要，但仍会维持一定强度的性欲功能。单纯用生殖本能解释人类的性欲特点是不合理的。

对于生殖本能来说，性欲的功能强度显然并不适配。性行为除了受到生殖本能的驱动之外，还受到快感本能的强化。正是因为快感功能的附着，使得人类的性行为表现出远超其他动物生殖本能的强度和能量。如果我们把性器官结合、完成传宗接代作为生殖本能的目标，而把释放紧张、获得快感作为快感本能的目标，那么在弗洛伊德的研究中向我们展示了这样一个事实：这两个功能的目标并非总是一致的，在一些情况下，它们可能会背离，甚至毫不相干。这表明生殖功能和快感功能并非天然是一体的。它们是相互独立的，只不过在人类性行为中被整合成了一个整体展现出来。

为了弄清这个问题，弗洛伊德系统地研究了人类的性倒错现象。首先，他研究了同性恋的情况，他写道："只有他们的同性成员才可以引起他们的性愿望，而异性，尤其是其性部位对他们来说并非是性对象，更有甚者还可成为一种令人厌恶的对象。当然这也隐含着他们完全没有生殖机能。"弗洛伊德称这一类人是在性对象方面发生了改变。这种情况下，性行为的目的已经与生殖本能偏离。

此外，还有一类人是在性目标方面发生了改变，比如恋足、恋物等，他写道："所谓正常的性目的，通常指性器的结合，它可以消除性紧张，去掉性本能……我们也发现一些附属动作，若任其发展便会导致我们称之为倒错的变化。""他们不需要生殖器的结合，以对方的其他器官或部位代替其生殖

第二章 精、气与心理能量

器……更有甚者,就是身体的部位也无意义,而转向用一件衣物、一只鞋,或者一件衬衣来满足其性欲,这些人就像是拜物教的信徒一样。"这类性目标改变的行为,其快感功能的实现已经偏离了传统意义上的性器官的范围。

这两类性倒错行为,还只是性行为的心理投射目标的变化,但快感功能的满足还依赖于对性器官的刺激。而研究中的另一类群体——施虐和受虐癖者,其快乐满足(性快感)的实现几乎完全脱离了对性器官的刺激。这一类群体的性快感仅依靠肉体上或象征性的痛苦施加与承受来获取。弗洛伊德写道:"其性追求目标是引起对方的痛苦。""与虐待狂相反的还有受虐狂,他们唯一的快乐是忍受各种来自象征的或现实的所爱对象的屈辱和痛苦。"

考察这些现象后,弗洛伊德得出这样的结论:"或许性本能本身就不是单一的,而是多种因素互相有机组合的,性倒错者则是这些因素互相分离的结果。"抛开道德上的评价,这些现象向我们展示了一种人类身心潜在的可能性,即生殖功能与快感功能分离的可能性。性行为意义上的快感满足,在对象上能够偏离生殖功能,甚至在器官层面也能够脱离生殖功能。一些更特殊的案例向我们展示，在脱离了任何器官刺激的条件下，仅仅在精神和情感层面，快感功能也能够实现，如极度紧张、恐惧状态和性梦中产生性高潮的现象。弗洛伊德关于性倒错的研究向我们展示出，快感功能的满足能够在很大程度上与生殖功能分离。这说明在人类的性行为中，生殖功能和快感功能是各自独立的。

传统意义上，人们常把生殖本能和性本能当作是一个东西。事实上，性本能并不是一个独立本能，而是一个复合本能。生殖本能只是这个复合功能的一部分。性本能之所以表现出强大的力量，是因为其中还包含着快感本能的力量。性功能是快感功能得以实现的一个渠道。弗洛伊德把快感功能背后寻求欲望满足的动力称为"力比多"（性欲力），认为它是一种机体生存、寻求快乐和逃避痛苦的本能欲望，是人一切心理活动和行为的动力源泉。

这里需要特别指出，弗洛伊德已经明确指出了性本能的二元混合属性，但却一直坚持用"性欲力"来表述附着在生殖功能上的另一种功能，这正是他的理论被后人所误解和诟病的原因，也是后来导致精神分析流派分裂的导火索。其后继者荣

第二章 精、气与心理能量

格，继承和发展了弗洛伊德"力比多"（性欲力）的概念，他摒弃力比多是性欲力的表述方式，而改为心理能量。这里我们用"快感功能"来表述附着在生殖功能上的另一功能，用"欲力"表述快感功能背后的推动力，这样更容易被人们所接受。

弗洛伊德认为人类的欲力是有发展轨迹的，并非是一开始就附着在生殖功能之上。他认为："假定儿童没有性欲力（性兴奋、性需要和某种性满足），只是到了12岁至14岁之间突然获得了这种性欲力，这是不符合观察结果的，并且在生物学上也是没有意义的，这同认为他们生来就没有生殖器，只是到了青春期内才生长出来同样荒谬……你们犯了混淆性欲力和生殖两个概念的错误。"

弗洛伊德认为儿童从出生到成年要经历几个先后有序的发展阶段，每个阶段都有一个特殊的区域成为快感功能兴奋和满足的中心，此区域被称为性感区。对于0至1岁的儿童，吸吮是他们主要的快感来源。对于1至3岁的儿童，因排泄解除压力而产生快感，肛门一带成为快感中心。儿童在3至5岁时，快感功能集中在生殖器上，性器官成为儿童获得快感的中心。在5至12岁的潜伏期，性冲动转移到环境中的其他事物上去，如学习、体育、游戏等。直至青春期后，快感功能才逐渐附着在生殖功能上。

弗洛伊德认为，在某个阶段的欲力过度满足或缺乏，都会使欲力停止在这个发展阶段上，这就是心理学上称作"固着"的现象。如果欲力在发展过程中遇到挫折，就会返回到前一个阶段，这被称为倒退。弗洛伊德认为固着和倒退都会对人格的发展产生不良影响。简言之，快感功能背后的欲力从一个人出生开始，伴随其成长的每个阶段，无时无刻不在推动着其人格的发展，直到青春期个体成熟后，生殖功能才逐步成为欲力的主要表达渠道。

按照弗洛伊德的理论，欲力不仅会通过器官层面的快感满足表达自己，还能通过纯精神的或社会的方式表达自己。他写道："性冲动就能够放弃从前的部分冲动的满足或生殖的满足目的，而采用一种新的目的。而这个新的目的虽然其起源和第一个目的具有一定的联系，但它已不再被看作是性的，而应被称为社会的。我们把这个过程称为升华作用，与普世价值相适应，我们说过社会的目的置于性目的之上。"弗洛伊德认为欲力可以通过升华的方式偏离其原有的性目标，从而转向到社会

第二章 精、气与心理能量

认可的成就上，如艺术灵感、创作冲动、工作热情等等。

欲力不仅是个人发展的驱动力，而且是爱情、想象、创造以及自我牺牲的根本动力。弗洛伊德说："本能的升华是最引人注目的文化发展特征；正是由于升华，高级的心智活动、科学活动、艺术活动或思想活动才成为可能。"当我们的欲力向外投射时，最常表现出的一种形式就是攻击性，一种面向外部的竞争性、破坏性的能量释放方式。这些欲力能量可能转化成争吵、打架等行为，让一个人被社会排斥，甚至走向犯罪道路。而与之相反，这些欲力也可以转化成为足球、拳击等体育运行中的激情，让一个人获得成功，成为明星，被大家追捧。相同的欲力却可能外化成不同的行为，实现完全不同的价值。

著名德国思想家、文学家歌德，在74岁时疯狂地爱上了一位19岁的少女。单恋外加求婚失败，恋情最终惨淡收场。歌德饱受丘比特爱情之箭的折磨，满腔的激情化作失落。巨大的情绪冲击和创作激情使他身心承受巨大压力，但同时使他进入诗意的天堂。回到家中，他仅花了三天时间，把路上所写的诗歌整理成长诗《玛丽恩巴德悲歌》。歌德在诗歌的抚慰下，竟然神奇地恢复了过来。用策尔特尔的话讲："是这支刺伤他的梭枪本身治愈了他。"这件事成为歌德创作生涯的转折点。在人生最后的九年间，他着手整理自己前几十年的作品，写成了脍炙人口的名作《浮士德》等，攀登上新的创作高峰。欲力的升华和转化成为歌德创作力和精力的源泉，给歌德带来了辉煌的成就。

快感功能和欲力不仅限于各种躯体、器官层面的快感满足，还包括获得各种社会成就所得到的精神上的愉悦感。简单地讲，人类一切行为背后的驱动力都是满足欲望、获得快乐，欲望既包括自私的、利己的，也包括社会性的、利他的。任何欲望都有根源、目标、对象和动量四个维度。

欲望的动量是指欲望所具有的力或强度，其大小由欲望拥有多少心理能量所决定，或根据一个人在实现目标时能克服阻碍的多少来判断。欲望的根源主要是人体的需求，需求表现在人体的某个组织或器官的兴奋过程，进而推动人们将储存在体内的能量释放出来。弗洛伊德认为每种行为都可以用欲力投注和反欲力投注来描述。欲力投注是指欲力倾注于某种对象而寻求满足的过程。反欲力投注是指自我或超我对欲力倾注抑制的过程。

第四节　从欲力到心理能量的演进

弗洛伊德把欲力比作一条奔腾不息的河流，把人的各种需求、欲望比作河床。河水可以流入各类低级本能的河床，提供驱动力去满足各类生理需求，保证个体的成长和发展；河水也可以流入科学认知、艺术创造等高级目标，把欲望转变为更远大、更有价值的智慧和创造活动。性倒错的研究向我们展示，当正常的性行为的河道被阻塞时，欲力会通过各种倒错行为的支流来表达并获得满足。这些案例中，多数的改变并非是当事人自己的主动选择，而是其成长过程中特殊的外在或内在环境导致的。

与之不同，在一些主张禁欲的古老的修行体系中，有通过主观努力和训练，使欲力升华、改变原有心理能量表达渠道的修行方法，以此来实现修行目标。在这些体系中，通过特定的方法，实现了快感功能和生殖功能的完全分离，达到对身心的深层控制和改造，以实现高级的精神成就。这种古老的修行技术，不仅在内丹学中有着长期的实践历史，在佛教的密宗、伊斯兰教的苏菲派、基督教的诺斯替派中也都有着大量类似的描述。

人本主义心理学之父马斯洛提出著名的需求层次理论，他认为人类成长、发展的根本动力是各种需求和欲望，更进一步，他把人的所有需求进行分类整理，并由低到高划分成多个层次，从低级的生理需求、安全需求到更高级的认知、创作需求，直至最高层的自我实现需求。

马斯洛认为人的发展就是一个从低级需求层次到高级需求层次的发展过程。人在每一个时期，都有一种需求层次占主导地位，而其他需求和欲望处于从属地位。例如，对于生理需求、安全需求占主导地位的人，吃一顿大餐或拥有各种物质享受和安逸稳定的生活是最大的幸福。社交需求占主导地位的人，只有当身边总有一群围绕自己的朋友时才会感到快乐，他们的生活意义就是穿梭在各种聚会之间或活跃于各种社会团体中。尊重需求占主导地位的人，更多追求的是社会地位和权力，对于这些人，有面子和影响力是生活中最大的价值。而认知、创作需求占主导地位的人，科学探索和艺术创作才是其人

第二章 精、气与心理能量

生最大的意义。

我们经常会听到一些有关梵高、陈景润等伟大的艺术家、数学家的故事。他们工作起来废寝忘食，生活中不修边幅，不善社交，对周围世界毫无兴趣，甚至被世俗之人视为怪异，但他们对于自己专注的事业却有着无比的热情，常常沉浸其中不能自拔。如果从马斯洛的需求理论出发就很容易理解了。对于认知和创作的需求已经完全主导了这些伟大的艺术家、数学家们的生命，成为他们快乐的源泉，以至于其他需求都不那么重要了。

按照精神分析理论来理解，欲力会流入各种欲望和需求的渠道，在人生特定阶段会有一个主导地位的渠道，成为心理能量的主要释放渠道以及获取快乐的源泉，而其他渠道则会成为从属。如果把马斯洛的需求理论与精神分析的力比多理论做比较，弗洛伊德、荣格等为代表的精神分析学派更关心各种需求、欲望背后的驱动力，以及它们之间的流注和转化能力，但是从内驱力层面来看，两种体系所描述的事实本质上是一致的。

荣格摒弃了把力比多表述为性欲力的方式，他把力比多设想为一种可以在情感、爱恋、性欲以及理智等观念中得以表现的连续的生命冲动,是一种普遍的、活跃的生命力,是一种囊括心理及生物能量的更为宽广的概念。当这种生命力强的时候,人就会活得很有生机;反之,人就会萎靡不振。比如儿童,整天玩笑打闹,动个不停,表现出强劲的生命力;而多数老年人,喜欢坐在墙根儿晒太阳,生命力比较弱。

荣格写道:"从遗传学角度看,它是和饥饿、口渴、睡眠和性欲一样的身体需求,再加上情绪状态或心情,这便构成了力比多的本质。""我们在动物身上发现了艺术冲动的最初躁动,但它仍然从属于生殖本能,而且只在繁殖季节中有所表现……如果我们现今把音乐和性归入同一范畴,则是一种不当的、异想天开的泛化。这样的观念就好比把科隆大教堂放在矿物学课本里讨论,因为这幢建筑主要是用石头砌成的!"

荣格提出用心理能量的概念来代替性欲力,他认为:"当谈到力比多问题的时候,我们最好是把它理解成一种能量——价值,它能够传达到任何一种活动领域——无论是力量、饥饿、仇恨、性,还是宗教,而其自身从来不表现为哪种特定的本能形式。"

第二章　精、气与心理能量

心理能量遵循守恒定律。心理能量在人格系统中的数量是有限的。人格系统中的各个结构要围绕这些能量展开竞争。如果某一结构得到的能量较多，其他结构能得到的能量就会较少。这很符合我们的常识，即一个人的精力是有限的。"如果某一个特定心理要素原来所固有的心理能量减退或消失，那么与此相等的心理能量就会在另一心理要素中出现。也就是说，精神能量是不会白白丧失的，它不过是从一个位置转移到另一个位置。"例如男孩子对玩具、连环画和警察与小偷之类游戏的兴趣，随着年龄的增加会转移到汽车、小说和姑娘们身上。某种兴趣的丧失也意味着新兴趣的产生。

有些时候，心理能量在意识活动中消失而没有转换为其他活动，这种情况下，心理能量是从意识中转移到了无意识中去了。当心理能量的发展遇到挫折时，会发生退行作用。荣格认为这并不是一件坏事，相反，他建议人应该周期性地退回到自己的内心深处，不是为了逃避现实，而是为了从无意识那里获得新的能量。有些时候，退行作用发生，无意识中丰富的种族智慧的原型会被激活，这往往能够保证一个人成功解决现实中的种种迫切问题。例如，当一个人面临某种危急的处境时，英雄原型被激发，为他提供所需要的勇气。实际上我们每天晚上睡觉的时候，就是在从无意识中汲取能量。荣格认为无意识是心理能量的巨大贮存仓库，是心理能量的根本来源。

　　心理能量的流注、转移和发展，推动个体完成各个成长阶段的目标。心理能量如同河水一样，流入一条条欲望的沟渠，使之被激活并焕发生机。对于刚出生的婴儿，心理能量流注到吸吮功能，使它得到强化。吸吮成为婴儿释放紧张、获得快感的主要来源。这保证了婴儿的营养获取和健康成长。随着婴儿的成长，心理能量逐渐流注到婴儿的排泄、四肢伸展等功能，这引导了婴儿正常的生长和代谢。个体在青春期后逐渐趋于成熟，心理能量又逐渐流注到生殖功能，驱使个体完成生物的繁衍。当心理能量通过艺术创作和认知活动表达自己时，就会推动着个体去实现社会成就。

　　就这样，心理能量的表达从吸吮功能上发展到生殖功能上，从生殖功能上发展到社会功能上。而对于快感功能的外在表现形式，无论是婴儿通过吸吮获得的快感，还是成年人通过性行为获得的快感，无论是通过精神创造活动获得的满足感，还是自我实现者特有的高峰体验感等，其背后的本质都是心理

第二章　精、气与心理能量

能量的聚集和释放。心理能量强度的不同造成了快乐体验的持续时间和感受强度的不同。

我们现在来回顾一下最初提到的那个问题：性欲能量有何特别之处？大多数人成年之后，快感功能会稳定附着在生殖功能上，性行为成为心理能量或者欲力表达的主要渠道。这很容易让人误以为心理能量或者欲力就是性欲能量。这是分歧和误解的根源。

另一个分歧较大的是元精本质问题及后天之精如何转化的问题。无论是清修派还是阴阳双修派，在实际修行中都主张"无欲"的重要性，同时也都认可元精是真正的药物，如《道门语要》中讲"其实精气神三者，虽有先后之名，实无先后之别，不过有欲、无欲之分而已"，认为可以用有欲和无欲的标准来判断先天元精和后天之精的区别。如果把内丹学中"精"的概念和精神分析中的心理能量或者欲力做对比，那么"精"的内涵就清晰了，元精和浊精的区分也就变得很容易。

当心理能量或者欲力流入到生殖功能，转换成日常意义的性欲望，或者流注并激动起其他欲望时，心理能量或者欲力通过这些欲望的渠道得以释放，此时的能量属于后天之精的范畴。当起源于集体无意识的心理能量或者欲力，处于尚未转换成任何具体欲望前的那种纯粹状态时，属于先天之元精的范畴。作为后天之精的种种心理能量，可以通过升华和转换的方式，从种种具体欲望中脱离出来，流注到高级的精神活动中去，这便是所谓的后天之精的返还。这样理解起来就不容易混淆了。

在《悟真篇》中有"不识真铅正祖宗，万般作用枉施功"。内丹学用真铅指代先天之元精，并经常警示后人：先天元精和后天浊精之间非常容易混淆，需要下功夫去体验和区分。内丹学把这个问题比喻成辨别水源清浊，认为理解元精本质是最基本的修行功夫，是获得修行成就的先决条件。

药物的锻炼过程是指精、气的凝聚过程。如果从心理学角度理解，则可以看作是对心理能量的聚集、转换、升华的过程。通过特定的修行方法，完成对人的身心的深层改造。因此，在各个派别优和劣、对和错的问题上，采用什么形式的修行方法并不是关键，能否对先天元精与后天之精正确区分和利用才是最重要的判断准则。

快感功能、欲力、心理能量这些心理学的概念可以帮助我

第二章 精、气与心理能量

们更清晰地理解人的本质和潜能。这些问题在内丹学中都有着独到的理解。内丹学用了极其简练的"精、气"二字就全都概括了。这种简练导致了概念内涵的模糊，造成了后世修行者对此产生种种误解。心理学中的这些研究可以和内丹学之间取长补短，帮助我们对这些修行奥秘产生更清晰和准确的认识。

第五节 古今第一美人局

至此，对于精、气的本质，以及先天、后天区别的问题，我们已经有了比较全面的理解。但是，对于具体的修炼方法，特别是阴阳双修派，我们需要做一个特别的说明。由于阴阳双修本身的复杂性，世俗学者甚至是一些修行人，常常对此产生错误的认知，贻害甚广。内丹学的阴阳双修与中国古代流传的房中术、采战御女等是完全不同的。

首先，以张三丰的修炼体系为例，在他的《无根树》中有"树老将枯接嫩枝"等诗句，被人解读成阴阳双修。这种解读过于片面，张三丰在《大道论》中写道："至于旁门邪径，御女采阴，服炼三黄，烧饵八石，是旁门无功也。""今之愚人，闻说有用生阳之道者，却行御女巧诈之术，正如披麻救火、飞蛾扑灯。"可见他对所谓采战御女之术是嗤之以鼻的。

张三丰在《登天指迷说》中写道"夫天上地下、乾坤坎离、男女内外炉鼎，喻吾一身之内外阴阳而言，并无男女等相"，他指出，男女内外炉鼎等是对人身内外阴阳的比喻，并非指真正的男女。他在《玄机直讲》中写道"初功在寂灭情缘……人心既除，则天心来复；人欲既净，则天理常存"，又在《道言浅近说》中写道"心止于脐下，曰凝神；气归于脐下，曰调息。神息相依，守其清静自然"，可见张三丰的体系是主张去欲存理、栽接自身阴阳的清净丹法，与御女采战等没有任何关系。

其次，再看一下常被认为是阴阳双修派正宗的东派丹法。其开创者陆西星，字长庚，号潜虚子。他在《七破论·破邪论》中写道"九一之术，邪物论矣"，这是对房中采战一类邪术的驳斥；又有"至于离形交气之说，颠倒两窍之说，开关铸剑之说……或取男女淫液而和曲蘖，或配秋石而称人元。如是

第二章 精、气与心理能量

之为,种种不一,类皆邪师曲学,以盲引盲,穷年皓首,迄无成功,以至败德祸身,为世嗤笑,大可怜也"。由此可见,作为东派宗师的陆西星,不仅反对男女体交之说,就连"离形交气之说",他也认为是邪术。而对于男女之情的问题,他在《破痴论》中写道"当其强富之年,沉溺爱河,胃挂尘网,不即解脱,日作夜为,亡耗几尽",由此可见,陆西星的体系也主张清心寡欲。

最后,我们再考察一下被公认为阴阳双修派的西派丹法。李西月仿效"东派"的陆西星,继承陆西星、张三丰及全真派的炼养之道,但不受全真、三丰教团的约束,自成一家,世称"西派"。西派丹法的最大争议来源于其体系中"彼家"这一概念,对此,学界有多种观点,如肾中气说、身外太虚说、同类异性说等等,这里我们不展开讨论。我们只需要举一个注解的例子,就可以看出李西月的观点和倾向。

李西月在《无根树注解》中写道:"天台《悟真》,发明内外二药返还大事,当时浅识无知,或疑为炉火采战之术……遂为注以匡正之……在武当时,曾作《无根树道情》二十四首,与紫阳《悟真》后先伯仲,世亦有认为采战炉火者。涵虚昭然曰：'道之不行，由于道之不明也。'"从这段注解中我们可以知晓，李西月曾经错认为《悟真篇》是主张房中、采战一类，但是后来又改正了认知。而当他看到世人对《无根树》产生同样的误解时，他感到无奈和痛恨，进而感慨世人愚昧和正道被遮蔽。这说明李西月对房中采战之术是反对的，认为其贻害世人，不是正道。

李西月还写道："栖云刘悟元，以宏通大辩之才，作书数十种传世。其中有《无根树注解》，涵虚取而观之，词源浩大，理境圆通。"这里的刘悟元是全真道龙门派第十一代宗师，是清修派的代表人物。李西月对刘悟元注解的《无根树》大加赞赏，并在其基础上做了补充。这可以充分说明，李西月对于全真派的清修体系是认同的。如果两种体系存在较大分歧或矛盾，李西月也不会对刘悟元的注解如此推崇，做了补充并将两人的注解合并一处。

综上所述，无论是张三丰的丹道体系，或是东、西两派，虽然常常被世人归类为阴阳双修派，但是实际上他们都主张清心寡欲，并视房中、采战之术为邪术，坚决反对。至于全真、伍柳等清修一派，就更不必多说。

第二章　精、气与心理能量

内丹学中所谓的阴阳双修之说，绝非世俗理解的男女同修之法。之所以会产生这样的误解，一是因为性欲能量问题的复杂性，就如同心理学中精神分析学派产生的分歧一样。另一个重要的原因则是人性贪欲使然，萧天石先生称之为"古今第一美人局"。在古代，对于那些富裕阶层的人来说，如果既能恣情放纵又能得道成仙，这种吸引力是没有人能够抵抗的，所以才有人用此来设局敛财。作者自知才智浅薄，也没能力破此局，但求不给读者造成迷惑，而使之误入歧途。因此对此做个特别的论述。希望读者对待这个问题不要望文生义，胡乱猜测，要有正知正见。

第六节　内丹学中"炼精"的奥秘

《金刚经》是佛门中最为重要的一部经书，相传禅宗六祖慧能因闻《金刚经》得悟。全书从始至终都围绕一个核心主题展开，即"云何降伏其心"。《吕祖百字碑》开篇即点明内丹修

心灵无界

行主旨："养气忘言守，降心为不为。""降心"是各个修行体系的共同主题。很多古老的修行宗派都把降服自己的情欲，让心灵摆脱肉体束缚作为修行的目标。内丹学主张性命双修原则，认为身、心是相互作用、相互影响的整体，提倡修行应该从身、心同步入手，不可偏废一边。

修行者们遵循特殊的方法进行长期的训练，使得欲力得以升华和回收，将快感功能与生殖等功能分离，建立起新的心理能量承载中心和表达渠道，从根本上改变欲望的生理、心理结构基础。荣格把这种心理能量的回收称为"内倾化"，他写道："欲力变得完全无对象（客体），它不再与具有意识内容的任何东西相关；因而它沉入了无意识，在那里，它自动地占有那些预备给幻想的材料，然后使它活跃起来。""解脱随欲力收回其所有内容之后产生，导致一种完全内倾的状态，这一心理过程被极具特色地称为禅定。"

心理能量从被投射的外部对象上完全回收回来，所有的欲望从根本上被瓦解，心理能量不再通过流注到客体对象上表达自身。这种状态在《金刚经》中被描述为"应无所住，而生其心"。内丹学中，这个过程被称为炼精化气和炼气化神，这

第二章　精、气与心理能量

种心理能量的升华和回收被称为返还，其成就得成后被称为"金丹"。成就以彻底摆脱肉体的欲望和束缚为标准。

内丹学在理论上没有达到近代科学那样严谨和精确的水平，但这并不影响内丹学在修行实践方面获得了极为瞩目的成就。在很多经典的修行方法中，虽然没有现代心理学中的种种概念和理论，但对于身心规律的掌握和运用，却达到了炉火纯青的地步。例如，有一种初步控制欲力的方法叫作"白骨观"，在修行中常被提到。其核心方法是通过想象尸体腐烂变白骨的过程消除对色身的贪恋。

根据弗洛伊德的理论，羞愧感和厌恶感是心灵中天然用来限制本能的力量，他写道："通过对性倒错的研究，我们发现，性本能必须与作为抵抗的某些力量做斗争，其中最主要的抵抗是羞愧和厌恶。可以想象，这些力量本来是限制本能的。"可见在我们的心灵结构中，如果把欲力比作河流，那么厌恶感和羞愧感就是堤坝，它们是欲力的天敌，是我们心灵中天然用来束缚欲力的力量。白骨观方法正是对这一原理极具想象力的发挥。

对欲望的约束只是一个初步的技术，还不能实现快感功能的剥离和摆脱肉体欲望的束缚。为了实现这一目标，需要形成一个新的快感功能的载体，一个能够让心理能量聚集和表达的新的渠道。内丹学认为当修行者的训练到达一定阶段后，会有气机发动，此时周身会产生如暖阳熏蒸的体验，如同阳春三月盎然的生机。这种现象被称为阳生。

黄元吉在《乐育堂语录》中对日常生活中的阳生现象做了非常详尽的总结："读书诵诗，忽焉私欲尽去，一灵独存，此亦阳生之一端也。""更有琴棋书画，渔樵耕读，果能顺其自然，本乎天性，无所求，亦无所欲，未有不优游自得、消遣忘情者，此皆阳生之象也。"读书、琴棋等活动中的阳生现象与弗洛伊德的升华理论中的描述是完全一致的。

此外，还有"诸子谈及阳生之道，已非一端，总不外无思无虑而来。如即贞女烈妇，矢志靡他，一旦偶遇不良，宁舍生而取义。又如忠臣烈士，惟义是从，设有祸起非常，愿捐躯以殉难。此真正阳生也，不然，何以百折不回若是耶？由是推之，举凡日用常行，或尽伦常孝友，或怜孤寡困穷，一切善事义举，做到恰好至当，不无欢欣鼓舞之情，此皆阳生之候"，在烈女、忠臣的例子中，其超出自我私欲的目标和具有集体色

第二章 精、气与心理能量

彩的动机已经表明，这些行为背后的力量只可能来源于集体无意识的原型。

自我生存是所有私欲满足所能付出代价的上限，只有那些具有超越个体、超越小我，具有集体和永恒意义的价值，才具有如此强大的力量，能够驱使自我做出完全的牺牲。从黄元吉的描述可以看出，无论是升华后的心理能量还是来自集体无意识原型的心理能量，都不是基于人的普通欲望产生的。按内丹学的说法，即阳生现象不是后天之精。这与炼精化气中"炼精者，炼元精"的原则是一致的。

关于修行中的阳生体验，丹经著作中有很多描述，如：《入药镜》中写道"先天气，后天气，得之者，常似醉"；《金丹四百字》中写道"修炼至此，泥丸风生，绛宫月明，丹田火炽，谷海波澄。夹脊如车轮，四肢如山石，毛窍如浴之方起，骨脉如睡之正酣，精神如夫妇之欢合，魂魄如子母之留恋，此乃真境界也，非譬喻也"；《道言浅近说》中写道"心止于脐下，曰凝神；气归于脐下，曰调息。神息相依……三番两次，澄之又澄，忽然神息两忘，神炁融合，不觉恍然阳生，而人入醉矣"。从这些描述中可知，阳生体验如微微的醉意，又如沐春风，肌肤爽透，如痴如醉，四肢美快无比。在张伯端的描述中还特别说明"此乃真境界也，非譬喻也"，认为这些体验不是比喻，而是确确实实的身心感受。

佛学体系中用"极乐"一词来形容这种体验。人本主义心理学之父马斯洛提出过类似的概念叫作高峰体验。高峰体验是人们在追求自我实现的过程中，达到自我实现时所感受到的短暂的、豁达的、极乐的体验，是一种趋于顶峰、超越时空、超越自我的满足与完美体验。马斯洛在《动机与人格》中这样描述："无线广阔的地平线在眼前展开，同时出现未曾有过的更有力和更无助的感受、极度的狂喜、迷茫、敬畏、失落于时间与空间之中的感受。"单就强度而言，阳生的快感体验甚至超过性行为中的快感体验。令人惊奇的是，在内丹学的修行体系中，这种体验的产生，并不依赖于器官的刺激，而是通过打坐、内炼等方法实现。

通过对内丹修行中的阳生现象和阳生体验的考察，可以得出结论：内丹修行中追求的摆脱欲望的束缚，不是简单地依靠意志力压抑欲望，而是通过特定的修行方法，实现对欲力的升华和回收。在人的生理和心理多个层面，产生本质性的变化，

第二章　精、气与心理能量

进而实现高级的精神成就。如此复杂的体系，对身心规律的深刻理解和对心灵的如外科手术般的精准操控技巧，真是令人叹为观止。

内丹学主张通过一种返还的过程，使生命由有漏至无漏，在生命能量日积月累以后，修行者的身家性命会突然现出一种质的飞跃，有限无限的阈值被打通。这是一个令无数帝王将相为之向往的终极目标。在接下来的章节中，我们将继续探索之旅，深入到内丹学中最核心和最神秘的话题，逐步揭开内丹学奥秘的层层面纱。

第三章

玄关一窍——开启精神力量的奥秘之门

"我是谁？我从哪里来？我要去哪里？"这三个问题被称为西方哲学的终极三问，最早由古希腊的著名哲学家柏拉图提出。其中，万物起源之谜是世界上最神秘的问题，千百年来让无数哲学家、思想家竞折腰。

万物起源之谜的解答有很多种。我国古代神话传说中有盘古开天地的故事：万古之初，宇宙一片混沌，只有盘古生在其中。不知过了多久，盘古忽然觉醒，一斧劈下去，开天辟地，从此天清地浊，万物生长。西方流传最广的是《圣经》中的上帝创世之说：万物初始之前，宇宙是无边的混沌，只有上帝之灵穿行其间。上帝对无边的黑暗十分不满，说"要有光"，于是便有了光。这是世界的开端。而当今科学研究和观测最广泛支持的是宇宙大爆炸理论：130多亿年前，宇宙处在一个物质密度、时空曲率和熵值都无限趋近于0的太初状态，称为奇点，在这里，所有我们已知的物理定律都无效。而后发生的"大爆炸"中，所有的能量和物质都诞生了。

　　无论是神话、宗教或是科学的理论，都包含一个共同模式：存在一个完全不同于已知世界的混沌之初，从某一刻开始，奇迹发生，世界诞生。内丹学以黄老道学为渊源，对这一模式有着自己独特的表述："道生一，一生二，二生三，三生万物。"《悟真篇》中有"道自虚无生一炁，便从一炁产阴阳；阴阳再合生三体，三体重生万物昌"之说，与之相应。道家哲学不仅广博而且精妙，对于混沌之初与万物诞生之间的那个"奇点"，赋予了一个颇具想象力和诗意的名字——"玄关一窍"。

第一节　内丹学中玄关一窍的意义探究

玄关一窍概念的起源可以见于《老子》"谷神不死，是谓玄牝。玄牝之门，是谓天地根""此两者，同出而异名，同谓之玄，玄之又玄，众妙之门"等等。其根本含义是指从混沌之始（无）到万物之初（有）中间那个转换机要。《老子》中常用"门"来比喻玄关一窍，门外为万物，门内为虚无，万物是由虚无所生化。形式上，阴阳万物都是通过这个"门"生出来的。因此玄关一窍有非空非色、非有非无、非内非外、能生万物又不属于万物的特点。内丹学中，玄关一窍发展出了更独特的内涵。自宋元以来，在各派修行体系中，玄关一窍都被视为不传之秘。

为什么内丹学中玄关一窍的概念如此重要？内丹学中，玄关一窍是指联通先天与后天的机要枢纽。先天从这一窍生化出后天的万物，反之，若想后天返还先天，就必须开启这一窍，才能联通先天。因此开启玄关一窍，联通先天，被认为是丹道功夫的真正起点,是超凡脱俗的开端。

张三丰在《道言浅近说》中讲:"修炼不知玄关,无论其他,只此便如入暗室一般,从何下手?"认为玄关是修炼入手的关键,如果不能把握,修行上就不可能有成就。《乐育堂语录》中也有"玄关一窍,是修士第一要务""昔人云玄关窍,可以了结千经万典之义"等说法,把玄关一窍看作修行中第一要素。可见,在内丹修行中,玄关一窍的地位非常特殊,不可等闲视之。

想要在修行中把握玄关一窍,首先需要对其有正确的认知。玄关一窍的概念非常抽象,在内丹学的发展过程中,衍生出了多种不同的解释。其中流行最广的一个说法,认为玄关一窍是人身上的一个具体部位。有人认为玄关是下丹田或气海,有人认为玄关是绛宫,还有人认为玄关是山根祖窍,等等。这些观点之所以比较流行,是因为玄关一窍的概念过于抽象,因此具体化为一个形体窍位反而能被多数人接受。但结合其根本含义来看,这种形体窍位说过于片面和狭隘。

张伯端在《金丹四百字》中写道"此窍非凡窍,乾坤共合成。名为神气穴,内有坎离精",指出玄关一窍不是普通的身

第三章 玄关一窍——开启精神力量的奥秘之门

体窍位,他进一步讲:"此窍者,非心非肾,非口鼻也,非脾胃也,非谷道也,非膀胱也,非丹田也,非泥丸也……"张伯端举了很多具体的例子,阐明玄关一窍不是人体部位。

李道纯在《中和集》中写道"夫玄关一窍者,至玄至要之机关也。非印堂、非囟门、非肚脐、非膀胱、非两肾、非肾前脐后、非两肾中间……",刘一明在《修真辨难》中写道"夫所谓玄关者,乃四大不着之处,非有非无……在身,非心肝脾肺肾,非眼耳鼻舌身意,非三百六十骨节,非八万四千毛孔",《性命圭旨》中有"然此窍,在身中求之,非口、非鼻、非心、非肾、非肝肺、非脾胃、非脐轮、非尾闾、非谷道、非两肾中间一穴……"。这三位作者在各自的著作中不吝笔墨,详细列举了各种窍位说法,论述玄关一窍不是身体的具体窍位。可见,玄关一窍不是人体窍位,是内丹学各派宗师的共识。

在内丹学理论中,虽然玄关一窍不是人体的一个具体窍位,但其存在却又不离人身。《中和集》中写道"但着在形体上都不是,亦不可离此一身向外寻求",认为玄关不在身体上,但同时也不能离开身体。石泰的《还原篇》中有"如是,则不可就身中而求，特可寻身中之一点阳精是也"，也认为玄关既在身中又不在身中，是一种特殊的存在。

李西月在《道窍谈》中提出了死窍和活窍的说法："何谓死？以黄庭、炁穴、丹田为此中，就是死的。何谓活？以凝神聚炁，现出此中，就是活的。以死的论，就叫做黄庭、炁穴、丹田。以活的论，乃算做玄关一窍。"他认为，虽然人体窍位和玄关一窍是不同的，但两者之间有紧密关联。玄关一窍会在特定的条件下，通过具体的窍位外化显现。在玄关没有显现的情况下，窍位就是死的；当玄关显现时，窍位就是活的。

在古代，受限于认知和技术的局限，人们对于玄关一窍的这种不在身内不在身外、亦在身内亦在身外的特点，理解起来非常困难。如果从心理学层面去理解，就方便很多。以人类的情绪为例，悲伤时会感到心如刀绞，愤怒时会怒发冲冠。当情绪没有发生时，人不会有任何感受，此时要说清楚情绪在哪里，则是困难的。主动去寻找情绪，也找不到。当情绪发生后，会产生种种生理体验。这时你可以说悲伤在心上，伤了心；或者说愤怒在头上，上了头。我们不能说情绪存在于身体的某个部位，但当它发生后，又会通过躯体的种种体验表现出

第三章 玄关一窍——开启精神力量的奥秘之门

来。玄关一窍有着机发则露、机息则隐、功到机现、时至神合的特点。这些特点很符合人类心理层面的现象特点。

第二节 从心理学视角解读玄关一窍

玄关一窍的本质到底是什么？由前几章的内容可知，内丹学中的先天元神对应着心理学中的集体无意识。因此从心理学角度看，玄关一窍可以理解为我们的个人意识和集体无意识的联通之处。如果把集体无意识比作土壤、个人意识比作树木，那么玄关一窍就如同树木的根系。土壤里的养分和能量从此处源源不断地供给树木，使其能够茁壮成长。就如同个人意识与集体无意识的关系一样。常人都只见树木不见森林、只见森林不见那广袤无边的大地。殊不知，参天大树那繁茂的枝叶都是吸取了大地中的养分而成，且最终落叶归根也必将再回归大地。人类生命的生长繁衍也是这个道理。

刚出生的婴儿，自我意识还没有形成，只表现出一些本能反应，意识的种子还沉睡在无意识的土壤中。直到时机成熟，自我意识觉醒，自我与客体分离，个体意识的种子开始生根发芽。对于个体的意识生命来说，这一刻才是真正意义的一画开天。从此开始，"我"和"我"的世界诞生了！自我与客体的关系，就如同道家所讲的阴阳。两者合在一起时，就不存在什么自我和客体。而自我觉醒的同时，也意味着客体诞生。那些属于个体自我意识世界中的记忆、知识、情感和人格等，从此刻起，从零开始，在与客体的不断相互作用中，被编织和创造。自我意识最初觉醒的起点，意识世界与无意识世界的连接，用内丹学术语来讲，就是玄关一窍。

　　从心理学角度对玄关一窍进行解读是否合理呢？我们来考察一下内丹学中对玄关一窍的细节描述。关于玄关一窍的特点，《道窍谈》中有"玄关一窍，自虚无中生"，《陈虚白规中指南》中有"此元炁之所由生，真息之所由起……且此一窍，先天而生，后天而接，先后二炁，总为混沌"，《修真辩难》中有"要知此窍，在六根不着之地，五行不到之处，恍兮惚兮，其中有窍；杳兮冥兮，其内有门"，等等。玄关一窍的这些特点——虚无中生、昏默后产、恍惚杳冥等等，与无意识活动的

第三章 玄关一窍——开启精神力量的奥秘之门

特征非常吻合。从无意识中涌现出来的意识,可理解为"有"从虚无中来。六根是指六种感觉器官,而感觉无法认知和触及的部分,是人的无意识部分。这个窍是由先天生成并且连接着后天,所以这里把玄关一窍理解为意识世界和无意识世界的"通道"非常合理。

关于玄关一窍的显现时机,张伯端写道"盖虚极静笃,无复我身,但觉杳杳冥冥,与天地合一,而神气酝酿于中,乃修炼之最妙处,故谓之玄关一窍",《天仙正理直论》中写道"如遇至静至虚,不属思索,不属见闻觉知,而真阳之炁自动",《乐育堂语录》中写道"夫玄关一窍,是吾人炼道丹头……忽然静定,一无所知所觉,突起知觉之心,前无所思,后无所忆,干干净净"。综上种种表明,在内丹修炼中,玄关一窍的显现时机是在虚极静笃,所有念头停止、所有意识活动消失后出现的。

这种状态是一种处于意识世界边缘的状态。见闻觉知这些属于意识世界的东西都已不在。所有的思维和记忆关联也都消失。当人到达意识世界的尽头,意识会渐渐模糊直至消失,接下来就会进入无意识的世界。在旅程的最后一段,意识和无意识的联通地带，既不属于意识世界，也不属于无意识世界。两者的联通和临界点就是玄关一窍。

以刘一明为代表的内丹清修派认为，"玄关"是修炼中色身与法身、有形与无形之临界点，是通向虚空本体的必由之路。社科院教授胡孚琛先生认为："所谓玄关一窍，无非就是指两重天地之间的通道，丹家要出有入无，由色界进入无色界，则这个进入无色界的大门，就是玄关，二者之间的隧洞，即称一窍。"这两种观点都赞同"通道"一说。从心理学角度解读，非常契合我们开始的观点，即玄关一窍是个人意识和集体无意识的临界点和联通之处。

李道纯在《中和集》中，把玄关一窍的作用比作提线傀儡："我设一喻令尔易知，且如傀儡，手足举动，百样趋跄，非傀儡能动，是丝线牵动。"在这个比喻中，他把人身比作傀儡，把丝线比作玄关，提出真正通过丝线操纵傀儡的是"主人公"。内丹学中常把元神称为主人公，如《吕祖百字碑》中有"动静知宗祖，无事更寻谁"的说法。主人公、丝线和傀儡，是对内丹学中元神、玄关一窍和人身的比喻。从心理学角度看，可以理解为集体无意识、个人意识和两者连接，与内丹学

第三章 玄关一窍——开启精神力量的奥秘之门

原理正好恰合。

无意识的提出被称为人类自我认识的第三次革命，前两次是日心说和进化论。日心说让人类认识到，地球不是宇宙中心。进化论让人类认识到，人类不是万物之灵。而无意识的提出，让人类认识到，我们的意识不是我们心灵的主人。精神分析理论认为，不存在什么随意的行为，也不存在什么真正的自由选择，每一种行为背后都有无意识的动机在支配。我们以为自己是理性的，我们以为自己的一举一动都是有道理的，但事实上我们的绝大多数日常行为都是我们自己根本无法了解的隐蔽动机的结果。这种意识和无意识之间的关联关系与李道纯提出的傀儡比喻是一致的。

内丹学中，还有一种解释玄关一窍的著名理论——"中"之说。《中和集》用"中"来解释玄关一窍："所以圣人只书一中字示人。此中字，玄关明矣"。更具体地，他写道："释云：'不思善，不思恶，正恁么时，那个是自己本来面目。'此禅家之中也。儒曰：'喜怒哀乐未发，谓之中。'此儒家之中也。道曰：'念头不起处，谓之中。'此道家之中也。"李道纯认为，禅家的本来面目、儒家的喜怒未发与道家的念头不起处，本质上都是一个东西，都是指玄关一窍。

白玉蟾《修仙辨惑论》中有"以念头起处为玄牝"，认为念头起处是玄关一窍。李道纯讲的"念头不起处"和白玉蟾讲的"念头起处"并不矛盾。这就好像午夜二十四点和零点的关系。从今天的角度，那个瞬间是今天的起始；从昨天的角度，那个瞬间是昨天的结束，是今天刚刚要开始，但还没开始之处。"念头不起处"和"念头起处"本质相同，都是指念头由无到有的转换之机，也就是玄关一窍。

李道纯比较了禅、儒、道三家的"中"的理论，认为三家描述的角度虽有所差异，但根本上讲的都是玄关一窍。李道纯的"中和"思想对后世丹家影响巨大，对于深入理解玄关一窍有着重要意义。由第一章的内容可知，禅家的本来面目和明心见性之说，对应着集体无意识范畴，与我们的无意识连接理论是一致的。那么喜怒哀乐之未发与念头起处，从心理学角度如何理解呢？

在心理学中，喜怒哀乐等统称为情绪，是人对客观事物的态度体验以及相应的行为反应，包含三个要素：主观体验、生理唤醒和外部表现。内丹学中常常提到的念头，在心理学中被

第三章 玄关一窍——开启精神力量的奥秘之门

称为自动思维。这两者的共同特点是不能有意识地控制。它们的动因都来自大脑的深层。对这个层面的大脑的训练是打坐和禅定中的核心任务。

当外部刺激发生时，会有一个瞬间的间隙。此刻，情绪和自动思维刚刚形成，它们还处于潜意识层面，它们的影响需要经过一个极其短暂的瞬间，才会被自我体验到。心理学家通过研究和测量发现，这个瞬间只有几毫秒。在这个瞬间，情绪和念头还没有上升到意识层面，它们还处于一种未分化的混沌状态。此时的情绪和思维并不能算是一种实在的存在，只能算是某种潜在的可能。当它们成为意识后才会变成具体的情绪、念头等。从这个角度理解，这个瞬间的前后是两重天地，而这个瞬时的转换之机就是玄关一窍。所以喜怒哀乐之未发与念头起处这两种对玄关一窍的解释，与我们的心理学观点同样是契合的。

开启和发展先天力量是内丹学的精华所在，因此把握和开启玄关一窍在内丹修行中具有非凡的意义。内丹学对于玄关一窍的开启，有着非常丰富的理论和实践经验。其中，凝神入气穴之法更是堪称绝妙，为历代祖师一致推崇。

第三节　开启玄关一窍的方法

凝神入气穴是内丹各派一致推崇的修行方法。白玉蟾写道"昔逢师传真口诀，只教凝神入气穴"，《太乙金华宗旨》中写道"玉清留下逍遥诀，四字凝神入气穴"，薛道光在《还丹复命篇》中写道"昔日遇师亲口诀，只要凝神入气穴"，陈虚白在《仙传玄机口诀》开篇就讲"修仙之法，在乎凝神入气穴，炁穴即元关一窍"，陆西星的《玄肤论》中有"盖凝神者，入玄之要旨，丹家之第一义也。所谓凝者，非块然不动之谓也，乃以神入于气穴之中，与之相守而不离也"，《道言浅近说》中有"'凝神调息、调息凝神'八个字，就是下手功夫……凝神者，收已清之心，而入其内也……调息者，调度阴跷之息，与吾心中之气，相会于气穴中也"，等等。各家各派无不视凝神入气穴为入玄要旨，其重要性不言而喻。

通过凝神入气穴的方法，能够逐步实现心依息，息依心，心息相依，以至神气相抱，人我两忘，内外具泯。当修行进入

第三章　玄关一窍——开启精神力量的奥秘之门

虚极静笃、气住脉停阶段时，玄关一窍显现，先天得以联通。凝神入气穴实际就是使神与气、精融合的方法。

神与气、精在内丹学中有很多别称，如坎离、铅汞、日月、乌兔、龙虎、水火、婴儿姹女等。神气相抱有时也被称为坎离相交、铅汞相合、龙虎交媾、水火既济等等，如《悟真篇》中有"取将坎位中心实，点化离宫腹内阴""调和铅汞要成丹，大小无伤两国全""先把乾坤为鼎器，次抟乌兔药来烹"等，其中的坎离、铅汞、乌兔等都是同一事物的指代。《指玄篇》中有"急捉虎龙场上战，忙将水火鼎中煎""婴儿日食黄婆髓，姹女时餐白玉杯"等，其中的龙虎、婴儿姹女也一样是指神与气、精。此外，《还丹复命篇》中有"师指青龙汞，配归白虎铅。两般都会合，水火炼经年"等，《打坐歌》中有"秘秘绵绵调呼吸，一阴一阳鼎内煎""黄婆其间为媒妁，婴儿姹女两团圆"等，都是比喻神与气、精的相互作用和交融。

总之，在这些丹经著作中，对神与精、气的种种比喻，本质上都在讲一个模式：阴阳两极相交相合，最后融合成一片。《指玄篇》中写道"玄篇种种说阴阳，二字名为万法王"，认为人身中阴阳的和合之法是内丹修行中最重要的方法，堪称万法之王。如果人能领悟其中精妙，则可一通百通，修行上更能一日千里。由此可见，神与气、精融合之法，也就是身中阴阳融合之法，是所有修行方法的核心关键点。

坎离、铅汞、龙虎这些都是指人身阴阳两极。阴阳要想完全融合，还需要一个必要的媒介力量。内丹学中，这个中间力量常常被称为黄婆媒妁，有时也叫作戊己、真土等等，实际上皆是元神真意的代称。真意在阴阳融合过程中起着至关重要的作用。

《悟真篇》中有"离坎若还无戊己，虽含四象不成丹""黄婆自解相媒合，遣作夫妻共一心"等，《指玄篇》中有"西北东南在两厢，长房缩地合中央"，白玉蟾有诗云"雄虎雌龙各一厢，凭媒牵引入中央"。可以说，没有真意的力量，阴阳两极的融合就不可能完成。这三个要素就如同化学反应中的两种反应物和催化剂，缺一不可。在《悟真篇》中称这三个要素为"三家"，有"三家相见结婴儿"之说，认为在元神真意的作用下，神与气、精可以融合为一，进而结成金丹圣婴。

接下来，我们分析一下人身阴阳在心理学中的意义。德国汉学家卫礼贤在《金花的秘密》中说："这两极心灵因素是彼

第三章　玄关一窍——开启精神力量的奥秘之门

此对立的,可以把它们表达成逻各斯(心、意识、属火、离卦)、爱洛斯(肾、欲望、属水、坎卦)。自然人让两者之气外行(理性活动和生殖过程),于是精气外泄,终将耗尽。修行者则使它们转而向内并结合在一起,使之相互滋长,并产生出富有心灵活力的、强壮的精神生命。"在分析心理学中,逻各斯(Logos)代表的是理性、规则、逻辑等,爱洛斯(Eros)代表的是生的本能、生命能量、爱欲等。卫礼贤所说的代表理性的逻各斯很接近内丹学中神的概念,而代表生命能量的爱洛斯很接近内丹学中的精与气的概念。所以他的这种解释与内丹学的神气相抱原理是一致的。

卫礼贤认为逻各斯和爱洛斯对应着内丹学中的性和命,他写道:"性无疑与逻各斯接近,在进入现象时与命紧紧结合在一起。命这个字原本指一种王命,然后指命运、厄运、宿命、寿命、能够使用的生命能量等,因此命与爱洛斯相近。可以说,这两种本原都是超个体的。"这种解释与内丹学中的性命相合原理是一致的。由此可见,卫礼贤完全是在内丹学框架下,用现代科学体系术语对神气相抱、性命相合的原理进行了诠释,其独到的见解颇具启发性。

心灵无界

按照分析心理学的观点，世世代代的无数关于男人和女人的同类经验会在人类的心灵沉淀，在每个人的集体无意识层面都同时形成了关于男性和女性的集体形象，即两性的原型。当一个男人发展出相应的男性特征时，其心中的女性原型（阿尼玛）会在无意识中，以与外显型人格相补偿的方式运行。简单地讲，在男人伟岸的身躯里，生存着阴柔的女性原型意象；同样，在女人娇柔的灵魂中，也隐藏着男性原型意象（阿尼姆斯）。这与内丹学中的人身自具阴阳、坎中含有真阳、离中含有真阴、阴中有阳、阳中有阴的思想颇有相似之处。荣格认为这两个原型具有重要意义，它们一方面属于个体意识，另一方面又扎根于集体无意识，它们是个人与超个人、意识与无意识之间的桥梁。内丹学也认为坎中真阳和离中真阴是阴阳得以相合的桥梁，因此这种对应关系还是比较合理的。

比起对自身阴影面的整合，人心灵中互补的男人或女人原型更难被整合。它们只能在向外投射的过程中被发现和理解。男人心中的完美女人形象和女人心中的完美男人形象，这两者往往是心灵深层互补的性别原型的投射和具象化。男人把自己的女性原型形象投射到一个真正的女人身上时，这个投影会把

第三章　玄关一窍——开启精神力量的奥秘之门

全部超自然的无意识特性赋予那个女人。两性原型的这种特性，让人联想到西派丹法中提及的"彼家"这一概念。如果从心理投射和神圣外显而不是有形之肉身的角度去理解彼家的含义，这更符合内丹学不落于后天有形有质的核心宗旨。清修派的人人自具阴阳与双修派的借助彼家阴阳，这两种看似冲突的理论，在心灵层面终于可以达成一种共识。

这里需要指出，现有的心理学理论在很多玄妙的内丹学现象面前常常捉襟见肘。神气相抱、坎离相交这些概念的内涵比卫礼贤和荣格的理解要更广泛，但这些精妙绝伦的心理学研究仍然能给我们带来诸多指引。想要更准确地理解和把握这一切，我们需要发展出一种更宏大和深刻的学问，而这必然要对现有的心理学有一个极大的扩展。

总结起来，理性与感性、逻辑与情欲、外显人格与内化异性原型、逻各斯与爱洛斯，用内丹学的术语来讲，所有这些都是人身的一对阴阳。这些彼此对立的心灵因素，看似水火不容，实则同根同源。它们都起源于一个混沌的未分化的原始的精神基底，即原初的集体无意识。这些彼此对立的心灵因素，可以在自性的力量的作用下实现融合。当这种融合发生后，我们的意识会进入一种由二合一、超越两边、无彼此之别的状态。此时也就是所谓的玄关窍开、联通先天的状态。阴阳相合之处，即是玄关窍开之处，处处相合，亦即处处玄关显现。

第四节　元神真意与超越功能

　　自性原型是荣格原型理论中最重要的一个原型。它是人格的中心和发展的根本动力。自性具有治愈和复苏的能量，是生命的源泉。它具有把个人层次里彼此对立的心灵因素如好坏、男性女性、内在外在、灵性特质等容纳兼收的能力。这种容纳对立的双方的过程是超越理性的。这种能力称为超越功能。超越功能是客体心灵以象征的方式把人格中所有对立倾向和趋势，以创造性的方式统一和整合的能力。之所以如此称呼，是因为它能超越意识层次的对立。在这个过程中，冲突未必消失，但它们超越了对立状态。

　　超越功能是自性原型得以实现的手段。内丹学中与之对应

第三章 玄关一窍——开启精神力量的奥秘之门

的概念是真意。黄元吉写道"'静则为元神，动则为真意'，神与意一也"，认为元神和真意是一体两面的关系，静态条件下为元神，动态条件下为真意。他认为真意是元神的功能，元神是真意的本体。内丹学中，真意常常被比作黄婆媒妁。它拥有把阴阳相克的两极融合一体的能力。真意的这种能力和超越功能很相似。

自性原型是集体无意识的中心，可以看作集体无意识整体的象征。集体无意识对应着内丹学中的元神。如果把集体无意识看作"体"，则最核心地位的超越功能，可以被看作集体无意识的"用"。这与元神和真意的体用关系是一致的。分析心理学中的超越功能和内丹学中的真意两个概念之间有很大的重合度。

如何理解超越功能？以人格中的男性方面与阿尼玛原型的整合为例。阿尼玛原型为男性心中的女性意象，是男性内在的女性潜质。完成这种整合的人，其人格中的这两种心理要素都呈现出意识活动，同时它们也都会结合成一种统一的形式。这种统合并不是一半男人一半女人，也不是时而用男性方式、时而用女性方式表现自己。实际上，对立的双方已经形成一种真正的和谐统一。精神的超越已经消除了男女两性的界限。用内丹学的语言来讲，一炁产阴阳，阴阳合一炁。这一炁既不属于阴，也不属于阳，同时又包含阴阳。超越功能是原初的、潜在的统一性的实现和展开。

荣格认为超越功能是解决意识与无意识冲突最有力的武器，在分析心理学的临床治疗中可以发挥神奇效果。特别是对于病情较为严重的精神分裂症患者，超越功能的激发似乎是唯一的希望。荣格是在对来访者的治疗和分析中，以及其亲身经历的精神危机中发现并完成了超越功能的理论。但是，超越功能的意义却远远不止于此。它在人类的历史中、在各种宗教和文化中扮演着很多神奇角色。接下来，让我们对几个例子深入考察，一窥玄机，更全面地领悟超越功能的本质。

首先我们来看看基督文化的信仰之力。丹麦哲学家克尔恺郭尔是现代存在主义哲学创始人，也是现代人本主义心理学的先驱。他认为人在面对不可能和疑问时，理性会选择放弃或否认，并永远为失去的东西而悲伤。这个时候，人只有靠着"信仰之跃"投入宗教，用信念的力量战胜理性上认为是不可能的事，进而使人重获"凡事俱有可能"的希望。信仰之跃

第三章　玄关一窍——开启精神力量的奥秘之门

是克尔恺郭尔哲学的核心概念。他通过上帝考验亚伯拉罕的故事,向我们解释信仰之跃的内涵。

根据《圣经》中记载,亚伯拉罕老来得子,名叫以撒。然而有一天,上帝想要考验亚伯拉罕的信仰,命令他将儿子以撒带到山上祭献给上帝。亚伯拉罕顺从了上帝的命令,经过三天的路程抵达摩利亚山。当亚伯拉罕举起手中的刀准备祭献以撒时,上帝派来天使阻止了他,并告诉他上帝已经为他准备好了羊做祭品,以撒的生命得以保全。

克尔恺郭尔指出,当亚伯拉罕挥刀准备祭献以撒的那一刻,他处于一种巨大的矛盾状态中。他非常爱以撒,他这样做,将承受无法忍受的丧子之痛,并且这种做法也违背伦理和信条,为天下所不容。克尔凯恺尔认为,亚伯拉罕相信这是上帝对他的考验,但同时,他也无法知道上帝会在他挥刀时前来阻止他。对于亚伯拉罕来说,他的祭祀行为没有任何现实的目的,他没有与上帝达成协议。在他看来,整件事情是荒谬的,是完全无法为理性接受的。他选择了无条件的信仰,最后,故事以极其戏剧性的方式结尾。克尔恺郭尔认为,彼岸的真理是理性永远无法触及的,最后那道鸿沟唯有依靠信仰之跃才能跳过。信仰的力量是基督教文化的核心所在,用《圣经》中的语言来讲,亚伯拉罕因信称义,信仰之力可以移山填海。

抛开宗教和神话部分的内容,只从精神要素层面去解构这个故事,我们会发现一个很熟悉的模式:由于一种巨大的心理冲突出现了理性无法接受的荒谬现实和在意识层面完全无法调和的矛盾,此刻已是穷途末路,剩下的只有绝望。而当理性被放弃,所有意识内容被弃绝后,一种强大的力量被启动,所有的矛盾和冲突被以一种创造性和戏剧性的方式完美化解了。这正是自性的超越功能的运行模式。

这种对意识和理性的弃绝,与道家的无为是很类似的过程。信仰并不是一般意义上的相信,它的反义词不是不相信,而是绝望。在理性和意识层面被认为完全不可能的事情,其必然导致的结果是绝望。接下来出现的极具创造性和戏剧性的结果,是在一种非理性的和意识之外的力量的推动下才得以实现的。问题化解后的结果,以一种超越于问题本身发生层面的方式呈现,以一种一览众山小的视角超越于问题之上。信仰之跃是超越功能的一种终极的象征形式。

说完了基督文化的信仰之力,我们再来看看佛家的般若智

第三章　玄关一窍——开启精神力量的奥秘之门

慧。佛学中有一个专有的名词叫般若。般若是佛法的核心概念，是古印度梵文的音译。之所以用音译，是因为汉语中找不到与之对应的词语。般若不同于聪明和智慧，世俗人的智慧和知识是后天学来的，以意识为主，以理解理论为主，体现在发明创造、科学研究、世智辩聪等方面。般若是佛智，是如实认知一切事物和万物本源的终极智慧。般若为六度之首，《大智度论》中有"般若为导，五度为伴；若无般若，五度如盲"一说。毫不夸张地讲，般若是一切佛法修持的根本，修得般若一法，通达一切法。

简单地讲，聪明、智慧是人心之用；般若是佛性之显现，是佛性之用，是无所住而生其心之心，是恰恰无心用而显之用。内丹学中讲真意为元神之妙用。与此相当，般若亦可视为佛性之妙用。般若是人人都有、与生俱来的，之所以没有彰显，是因为人人有个自我，般若被无名盖住了。只要破除"无名"，我们的般若智慧就彰显出来了。

佛法认为世界上一切事物以及人们的意识都是一种相对的依存关系。生与灭、常与断、异与同、来与去等，这些概念都是相对而生，并非世界的本源实相，如果执着一端，必然陷于偏颇，落于虚妄。而般若智慧可以超越事物彼此分别，不落两边，融合对立矛盾双方，返于性空本源，继而进入超越生死的涅槃境界。荣格认为，自性的超越功能不仅仅在于把对立物统一起来，还在于把各个方面整合为一个有机统一的整体。般若智慧的这种能够涵容万物的彼此分别、超越矛盾两边的功能也正是超越功能的核心。

分析心理学认为，只有当自我处于一种无法调和的巨大矛盾中时，超越功能才会被启动。佛法中有"烦恼即菩提"的箴言。这两家的说法非常契合。当自我陷于矛盾或荒谬中时，按照佛法来讲，也就是所谓的烦恼升起之时。此时正是般若智慧显现的时候，同时也是能够领悟真如的时机。当这种功能启动时，我们才有可能认识到它的存在。

禅宗有顿悟法门，十分玄妙。在一些特殊情况下，师父看准时机，突然向弟子提出貌似十分荒谬的问题（参话头），如"念佛的是谁？""父母未生前是谁？"等等，或者当头棒喝。此时，弟子的思维瞬间陷入巨大矛盾中而"卡死"，短时间内，脑中一片空白。这满足了超越功能的启动条件，在这一刻，慧根上等的弟子可以由般若的妙用，领悟到真如本体的存

第三章 玄关一窍——开启精神力量的奥秘之门

在,明心见性。禅宗顿悟之法的这些方法看似荒诞,实则内藏大智慧。

信仰之力源于上帝,般若智慧出于真如,真意是元神妙用,超越功能是集体无意识实现自性的手段。这些来自不同文化和不同领域的神圣之力,在运行模式和起源上神奇地一致。它们描述的都是同一种力量。白玉蟾有诗云"一言半句便通玄,何用丹书千万篇",超越的力量就是那通玄之力。领悟和开启这种力量胜过千种丹书、万种修法。《指玄篇》中有诗云"一法通时万法通,休分南北与西东。朝朝只在君家舍,要见须知掘土中",其中的"土"即是指真意。真意得通,万法皆通。

第五节 行难知亦难

至此,万事俱备,《悟真篇》有"戊己自居生数五,三家相见结婴儿。婴儿是一含真炁,十月胎圆入圣基",在真意的作用下，阴阳和合，精、气、神，三而二，二而一，合为一炁。玄关窍得开，真种子得生。通玄之道大开，修仙之路显现。至于后面的真铅发生、河车搬运、三关三田、采封炼止等过程，都是顺其自然之事了。

玄关、阴阳、真意等事物，远离我们的常识和世俗认知。虽然前面有长篇大论，但是对于多数人而言，难免流于肤浅，浮于文字表面。若想对这些玄妙之物形成一个直观的认知是非常困难的。这就好比在一个天生盲人的世界，想让他们理解什么是色彩和绘画，恐怕千言万语也解释不清。但如果有一天，这些人拥有了视力，在眼睛睁开的那一瞬间，他们立刻就全懂了，不再需一言片语。

玄关一窍、超越功能等不同于我们日常熟悉的见闻觉知与喜怒哀乐等功能。普通人的生活中很难体验到这些事物的存在。它们之于普通人，就好像色彩之于盲人，很难通过经验推理和想象产生认知。神秘主义把这些称为隐秘的知识。在各种修行体系中，修行者需要经过长久、刻苦的专门训练，才有可能获得领悟和体验。

内丹学有丰富的实修体系，包含呼吸、练形、打坐、内炼

第三章　玄关一窍——开启精神力量的奥秘之门

等等，修行程序复杂而精密。这些是我们的伟大、智慧的先贤们留下的瑰宝。在下一章，我们将共同探索内丹实修体系中的各种奥秘，深入理解这些修行方法到底是怎样的一个过程。传说中的种种修行情境，到底是故弄玄虚还是内藏玄机？更精彩的探索之旅即将起航。

第四章

心理学视角下的内丹修行——一条心灵成长之路

尼采说:"人不是一个目标而是一座桥梁,这一头是猴子、虫子,那一头是超人,下面就是深渊,那是一段危险的旅程、一次伟大的超越。"尼采认为人生的意义在于超越人本身。类似的思想在我国数千年前的内丹学中早已有之,如"顺为凡,逆为仙""我命由我不由天"等等。内丹学中"仙"的概念,与尼采的超人概念相比较,内涵更丰富,表达更生动。

《钟吕传道集》中对"仙"有这样的定义:"纯阴而无阳者,鬼也;纯阳而无阴者,仙也;阴阳相杂者,人也。"内丹学中的"仙"和尼采的"超人"都描述了人所能达到的一种最高境界。在道家看来,人生的终极目标是超越自身,实现人的所有潜能，进而突破肉体凡胎，达到"仙"的境界。这样的终极价值追求并非道家独有，类似的目标在佛家称作阿罗汉（小乘）和佛（大乘），在儒家称为圣人。内丹学在发展过程中主张儒、释、道三家合一。三家合一的根本原因和内在动力，正是儒、释、道的终极目标的一致性。

与西方哲学不同，内丹学不满足于停留在概念和思辨层面，而是要追求一种更具有现实意义的自我超越和一条可实践的生命升华之路。内丹学相信经过特定的修行和锻炼，我们的生命能够升华，达到"纯阳"的仙的境界。一切的修行方法都是为了帮助我们提升生命的境界，实现"仙"这一终极目标。

人之所以伟大，在于人有着无限潜力。体育锻炼可以改变我们的身体，让我们的肢体变得强壮有力；心灵锻炼则可以改变我们的精神，让我们获得智慧和超越自我。内丹学中有着极其丰富的关于心灵锻炼的知识和方法，这些知识和方法被整合在以打坐和内观为代表的修行体系中。内丹修行体系是我们先贤智慧的结晶，是一条由凡至仙的升华之路，是一条每个人都可以追寻和实践的心灵成长之路。

第一节　打坐与内观

内丹学中的打坐，与佛家的禅定，以及近些年西方流行的冥想等没有本质区别。拨开外层的神秘面纱，这些方法都是通过调息、内观、入定等方式实现人的心灵层面的改造和升级。不同的流派之间，在发展过程中会有相互影响。各家各派的打坐方法，外在形式上都很相似，多采用盘坐，更进一步，又可以细分为单盘、双盘、散盘等。

打坐在内丹修行体系中发挥着重要作用，而且有很多规范和要领。例如：有肢体和动作上的规范，双足跏趺、顶头竖项、含胸拔背、双目垂帘等等；有呼吸运用上的要领，气息绵绵、由粗到细、若存若亡、"深、细、匀、长"四字诀方法等等；还有前置条件的要求，内丹学中有"未得气莫打坐，没有麦子空推磨"的说法，认为打坐需要一定身体基础，需要达到"得气"的阶段后方可进行。总之，打坐作为一种自我锻炼方法，在形式上有严格且系统化的规范要求。

心灵无界

在打坐过程中，虽然外在形式的训练很重要，但内在心灵的锻炼更重要。就如同打篮球，规则只是外表，篮球比赛的目的不是把球打烂或者争夺球本身，而是通过运动来锻炼身体并获得快乐。打坐的最终目的是完成修心和炼己。除了外在规范和要领，打坐中还要不断返观内照，向内求索。这样才能在精神层面逐步发生蜕变，实现心灵的成长和飞跃。打坐既不是宗教仪式，也不是玄学奇术。打坐是一种自我身心锻炼与完善的方法体系。

内丹修行中，打坐的功夫由浅入深，要经历调形、调息、调心等过程，从而达到心息相依的"定静"状态。打坐虽然是以修心炼性为首要目标，但却从调节形体和呼吸入手。内丹学中有"形正则息调，息调则心静"的说法，进而由静生定，由定生慧。内丹学强调身、心的相互影响和相互作用。性命双修是内丹修行的宗旨。在本书中，我们的考察重点更多则是聚焦在内丹修行的心理层面。

在内丹修行中，打坐的初级阶段是入静。《太平经》中写道"求道之法，静为基先"，认为入静是追求大道的基础。《坐忘论》中讲"所以学道之初，要须安坐，收心离境，住无

第四章　心理学视角下的内丹修行——一条心灵成长之路

所有，不著一物，自入虚无，心乃合道"，认为收心静坐是入道的最佳方法。王重阳在《立教十五论》中写道"凡打坐者……须要十二时辰，行住坐卧，一切动静中间，心如泰山，不动不摇，把断四门，眼、耳、口、鼻，不令外景入内。但有丝毫动静思念，即不名静坐"，他对静坐的时间、动作、方法和要领都做了非常详细的描述。这些充分说明打坐中入静的重要性。

在打坐的入静阶段，人们常常会配合数息的方法来辅助训练，让心中的念头逐步由多至少，直至于无。按内丹学理论来说，数息止念是一个锁心猿、拴意马的制心的过程。《性命圭旨》中写道"心中无物为虚，念头不起为静"，认为念头的多少、有无是衡量静的状态的标准。《摄生三要》中有"故道家宗旨……以一念不起为功夫"，认为保持一念不起的状态是一种非常高的修行成就。这种"入静"的能力并不是一蹴而就的，需要持续且漫长的训练过程。

打坐的更高级阶段是虚和无为。《无上秘要》中讲"遗形忘体，泊然若无，谓之虚"，认为虚是一种忘我的状态。《老子西升经》中讲"虚无恍惚道之根，万物共本道之元，在己不忘我默焉。……生我于虚,置我于无",认为虚是道的根源,同时虚也是"我"的起源。从心理学角度看,虚无恍惚可以理解为一种精神状态,一种逐渐脱离意识进入潜意识的状态。忘我正是这种状态的特点,即自我意识的逐渐模糊。无意识是自我意识的起源,也就是"我"的起源。《庄子·大宗师》中写道"堕肢体,黜聪明,离形去知,同于大通,此谓坐忘",《赤文洞古经》中有"无为则神归,神归则万物芸寂"。无为并不是指什么都不做,而是指不用后天的识神(意识)去用功和作为。无为是放弃人的意识功能,调用潜意识力量的方法。

在打坐的虚的阶段,为了更进一步锻炼我们的心灵,需要向更广阔的无意识世界探索,寻找更强大的心灵力量。禅宗把这一过程称为体真,即体会真如。内丹学认为,在进入虚极静笃状态后,才会有静极生动、真阳发生。这是开启玄关一窍并联通先天元神的前提条件。进入恍惚杳冥的虚的境界是比入静更高一层的功夫。

打坐作为一种修行方法,表面看起来是一动不动地静坐,实际上内里却在不断地用功和训练。打坐中需要配合内观的方法,才能实现真正的修行。内观是通过返观内照,觉察自己的

第四章　心理学视角下的内丹修行——一条心灵成长之路

种种念头和情欲等，以达到净化身心、静心明道。《洞玄灵宝定观经》中写道"慧心内照，名曰内观；漏念未除，名为心起"，认为内观是用慧心返观内照，以消除种种杂念为目的。《太乙金华宗旨》中写道"圣圣相传，不离返照，孔云'知止'，释号'观心'，老云'内观'，皆此法也"，认为内观是儒释道各家修行的通法，成仙成圣都离不开内观之法。内观返照是内丹学中必不可少的修行方法，是打坐的内在基础。

在打坐的入静阶段和虚极静笃阶段，内观都发挥着重要作用。《青华秘文》中有"心求静必先治眼，眼者神游之主也，神游于眼而役于心，故抑之于眼，而使之归于心"，认为不逐外物、返观内照是入静的前提。内观的"内"与"外"相对。人们多数时间都在外观，借助感觉器官去感知外在世界。相反，内观强调关注内在心灵，感知内在世界。"观"并非是用眼观察或真的看见什么，而是一种类比。更准确地讲，内观是对内在的心理活动和机体反馈的觉察和调节。

以止观方法为例。止观是中国佛学的基本修证方法，在内丹修行中被广泛吸纳。止观的修行过程由浅入深可以划分为三个阶段：系缘、制心和体真。我们的妄念活动需要依附在一个

心灵无界

具体的对象上，要么想这件事，要么想那个东西，这个过程称作攀缘。通过心念系在一处，如观呼吸等，可以锁住心猿，让意念初步入静。由浅入深，比攀缘止更细密的下一阶段是制心止。制心止是从心的本体入手，看清我们心中念头起处，随起随制，断除念头的攀缘。止观方法的第三个阶段，是我们修止的最终目标：看清心的本体，停止妄心，到达真实境界。

《清静经》中有"常能遣其欲，而心自静；澄其心，而神自清"。当人不再被各种欲望牵扯摆布，当所有妄念停止消失，心自然就回归清净。静和虚是目标，止和观是路径。静和虚是心之体，止和观是心之妙用。不经过止和观，妄念纷飞，就没办法达到清净。如果心不具备静和虚的本性，止和观也发挥不了作用。

如果说打坐是"表"，是外在功夫，那么内观则是"里"，是内在功夫。打坐注重的是"身"，追求的是形正气顺；内观注重的是"心"，追求的是定静生慧。打坐和内观相辅相成，缺一不可。打坐是内观的前提和保障，内观是打坐的内在和延伸。如果没有内观，打坐就成了静坐枯修。反之，如果没有打坐和身体气机的基础，内观也无法持续和起效。

第四章　心理学视角下的内丹修行——一条心灵成长之路

修行是一个由浅入深、不断精进的过程。无论是佛家或是道家，对修行的次第、层次都有非常细致的划分。禅宗有四禅八定的说法，内丹学有大小周天的说法。在修行的不同阶段，打坐和内观有不同的用功方法。整个修行体系在方法上层层递进，以逐步实现心灵的升级和改造。

在心理学中，心灵的探索和改造工程是心理学家、心理医生们最感兴趣的研究课题。在这一点上，禅宗、内丹学中的修行方法和实践可以给心理学带来诸多启发。反过来，现代心理学的成果也可以帮助我们更好地理解打坐、内观等背后的科学原理，让我们对内丹学的原理和方法有更深刻的理解。

第二节　新瓶装旧酒

近些年，随着中西方文化交流不断加强，风靡西方国家半个多世纪的正念冥想（Mindfulness）也被引入我国，并成为热门话题。正念冥想作为一种自我心理调节和训练的方法，广泛地应用于心理学、医学以及教育等领域。它的有效性和巨大价值是毋庸置疑的。只是有些人不知道，正念冥想虽然流行于西方世界，它的真正起源却是东方的禅修。对此有一个令人惋惜的比喻：披着袈裟出去，穿着西装回来。

20世纪70年代，美国麻省大学乔·卡巴金博士对禅修方法进行改造，去除其中的宗教成分，并增加可操作性，使之变成一种缓解压力、减轻痛苦的辅助治疗方法，称为正念减压疗法。这就是当代的正念冥想方法的开端。其后，西格尔、威廉斯和蒂斯代尔等心理学教授，以认知行为疗法为基础，结合卡巴金的减压疗法，逐渐发展出正念认知疗法。正念认知疗法在抑郁症的康复和防治上取得了良好的效果，已经成为心理治疗的主流方法。

此外，以正念治疗为基础发展出了辩证行为疗法、接纳承诺疗法等多种心理学治疗方法，一起构成了认知行为治疗的第三次浪潮。以正念为核心的治疗方法在焦虑抵抗、成瘾行为治疗、家庭关系改善等多方面取得了显著成就，帮助无数患者走出了困境。

借助神经科学实验，科学家们发现，正念冥想能够降低应

第四章　心理学视角下的内丹修行——一条心灵成长之路

激激素水平，改善情绪，同时还可以增强心血管、神经和免疫功能。长期的冥想训练不仅能够改变脑电活动，而且可以改变大脑结构，使负责注意力和情绪的皮层变厚。

杏仁核是大脑中负责恐惧相关情绪的功能区域，在实验中，科研人员发现，经过八周的正念训练就可以观察到杏仁核体积缩小和活动降低。即使短期的正念冥想训练也可以改善大脑网络的可塑性。正念冥想对于练习者的身心健康和精神和谐，有着很好的效果。

卡巴金博士对正念的定义是："有意识地、不评判地觉察，专注于当下这一刻。"正念包含三个要素：有意识地觉察、专注当下和不评判。无论在哪种正念训练中，如正念呼吸或正念扫描等，这三个要素都占据主导地位。正念三要素是正念的核心内涵。

事实上，在内丹修行体系中，这些要素并不新鲜。《陈虚白规中指南》中写道"念起即觉，觉之即无，修行妙门，惟在此已"，认为在修行中，要时时有意识地觉察自己的念头。北宋道家天师张继先在《心说》中写道"瞥起是病，不续是药。不怕念起，唯恐觉迟"，他把起心动念看作一种病，而治病的药物是不要跟随和认同念头。内丹学中有"真意往来无间断，知而不守为功夫"的说法。这里的"知而不守"也是告诉我们，当念头出现时，要及时觉察，但不要跟随和判断。

内丹修行中要求安住当下，认为"念"字可拆成上"今"下"心"，"今心"即当下之心。内丹修行中有锁心猿的功夫。其要领是把意念安放在呼吸上，时刻感受气息出入（数息）。久而久之，就可以做到安住当下，觉察而又不跟随。用这样的方法初步降伏自己的情欲，达到入静的层次。

内丹的修行体系中没有正念冥想中的各种概念，但实际上却包含了其全部的核心要素。正念的三要素——有意识地觉察、专注当下和不评判，在内丹修行中都有类似的方法和要领。这些方法是历代内丹大家经过长期的修行实践，一点一滴地总结出来的。它们的可靠性和有效性经受住了时间的考验，具有巨大价值。接下来，我们从心理学角度来考察一下，这些方法是如何发挥作用的。

从进化角度看，边缘系统是大脑中最古老的系统之一，形成于数十万年前。边缘系统除了负责调节内脏活动、睡眠、记忆外，最核心的功能是产生和影响情绪。因此有时边缘系统又

第四章　心理学视角下的内丹修行——一条心灵成长之路

被称为"情绪脑"。

与负责认知的"皮层脑"不同，"情绪脑"遵循战斗、逃跑或冻结的反应模式，反应速度快于"皮层脑"。在一些压力环境下，我们的"情绪脑"会发生误判而与"皮层脑"争夺身体的控制权。一个典型的情境是考试：有些人平时上课时思维敏捷，可一到考试时，却会非常紧张，大脑一片空白，不听指挥。还有的人，准备了一周的面试，临场时却激动得说不出话。在日常生活中，不受意识控制的情绪和自动反应模式也经常会给我们带来麻烦。情绪稳定是成年人最重要的能力之一。

觉察力是正念三要素中化解各种自动化情绪反应的利器。奥地利心理学家维克多·弗兰克尔曾经说过："在刺激和反应之间，有一片空间，在那片空间中，我们有能力选择自己的反应。在选择反应中，我们获得自由和成长。"当情绪发生时，在它获得我们身体控制权之前，在我们的身心还没有做出习惯性反应之前，如果我们能快速觉察到正在发生的内在的变化，就有机会对这个过程做出影响和调节，进而突破自动循环。这种觉察和选择的能力在正念冥想的训练中会不断增强。实验显示，长期的正念练习会明显改善前额叶皮层对边缘系统的调节作用。

  自我对待情绪的反应和态度是情绪问题的另一个根源。例如，当愤怒来临时，我们如果选择压抑，结果是情绪越压越强，直到失控，最终集中爆发；如果选择认同，结果更糟，发泄愤怒会带来更多的破坏和连锁反应。正念三要素中的不判断不跟随，是压抑和认同之外的第三条路，是一条通往成熟和和平的智慧之路。我们觉知情绪后，可以选择既不认同，也不压抑，而是接纳和不做判断。情绪无法从意识中获得焦点，也就无法获得能量补充。随后情绪的力量就会逐渐减弱。当那些旧的反应模式被逐渐瓦解，而新的反应模式逐渐形成时，我们的性格与脾气也会随之发生根本的变化。

  专注于当下是一种生活方式。专注于当下，帮助我们将基于当下体验的自我感与基于叙事的自我感分离。这能帮助我们不再受困于对过去和未来的担忧，减少消极的思维反刍，增加积极情感能量。

  有些高僧大德，在任何时候总能保持宠辱不惊，内心平静。这是因为他们已经降伏了自己的情绪。这种能够让我们化解各种情绪，长期维持平和、专注、乐观的状态的能力，是修

第四章 心理学视角下的内丹修行——一条心灵成长之路

行的一种目标和成就。这样的修行成就,就是打坐境界中所描述的"静"的层次。

在内丹学的修行体系中,安住当下、对峙念头、知而不守等方法与正念冥想中的三要素的作用是一样的,帮助我们增强对内在的觉察能力,化解"情绪脑"的自动反应模式,从而更好地驾驭自身情绪,提升身心健康水平,甚至达到入静的层次。在内丹的修行之路上,这三个要素让我们的心灵成长,使我们能够到达内丹修行中入静的境界。如果我们想在修行之路上走得更远,就需要进入更深层的精神世界。

第三节 "止念"的心理学原理

认知行为主义、精神分析和人本主义并称为当今心理学的三大流派。认知行为学派认为人们的情感、行为和生理反应受到他们对事件的认知的影响。情境本身并不能决定人们的感受,人们的感受更多地取决于如何解释这一情境。在情境和反应之间，认知扮演着中介与协调的角色。

认知对情境如何解读，直接影响着个体是否最终采取行动。例如，对于同样有着苦难童年的人，当他们在生活中遇到相同的困难时，有人会想"我小时候吃了那么多苦，我都可以忍受，现在的困难也一定可以战胜"，而有的人会想"世界太不公平，为什么倒霉的永远是我，我也没必要善待他人"。再例如，一个人在旅行，随手发了一张照片到朋友圈，有的人看到后认为他在炫耀，有的人看到后觉得他在分享。同样一个事物，会给不同人带来不同感受。这是人们对事物的不同的解读方式导致的。

佛语有云"相由心生，境随心转"，说的也是这个道理。心生和心转的"心"实际上指的就是人的认知。在相同的境遇下，不同的认知会导致人们产生完全不同的情感反应和行为模式。因此认知行为学派相信，只有寻找到方法来引起认知改变，才能带来情绪和行为上持久的改变。个体对情境的解释会影响其随后的情绪和行为，这些解释是以"自动思维"的形式表现出来的。

自动思维是个体思想中不需要有意识努力思考就会自动涌

第四章　心理学视角下的内丹修行——一条心灵成长之路

现的词语或意象等，具有情境相关性，是认知中最浅表的部分。它是经过长时间积累形成的某种相对固定的思考和行为模式，不需要经过主动思考，而是按照既有的模式发出。

这些思维快速涌现又消失，有时以词语形式出现，有时以图像、画面形式出现，有时以两者结合的形式出现。它们通常很难被觉察，能被觉察到的是随之而来的情绪和行为反应。例如，一个女生给男朋友打了很多电话，而对方都没有接听。这时女生脑中可能会快速闪过"他对我没有兴趣了，有意逃避我"的思维或画面，产生失落的情绪；或者可能闪过"他会不会出事故了"的思维或画面，产生忧虑的情绪；或者可能闪过"他是不是和别的女生在一起"的思维或画面，产生愤怒的情绪。这些自动思维短暂而迅速，常常不易觉察，而可能被体验到的是失落、忧虑或愤怒等情绪结果。

有些具有自卑情结或者常带有负面情绪的人，遇到挫折时，脑中经常会冒出"都怪我"或"又搞砸了，我怎么什么都做不好"等自动思维，因此他们经常陷入羞愧和自责中不能自拔，不敢面对困难和新事物。这些自动行为多数是未经思考的。个人的许多不理性思考、荒谬的信念和错置的认知等，存在于个人的意识和觉察之外。认知行为学派认为,要想改变这种状况,就必须把这些自动思维和行动重新带回到个人的觉察范围之中,识别和批判性地检查这些自动思维,并纠正认知错误。只有这样才能帮助一个人迈出改变的第一步。

这些自动思维源自哪里?什么导致了人们对同一个情境有不同的解释?同一个人对同一个事件,在人生的不同阶段也会有不一样的解释。认知行为学派认为这一切都归因于认知中一个更深层的结构——信念。

信念是认知的深层结构,是关于自我最核心的观念,是所有自动思维的起源。关于信念,贝克这样描述:"从童年开始,人们已对自我、他人及世界形成了一定的看法。他们最中心或核心的信念,如此根深蒂固、影响深远,甚至他们对自己也通常不能清晰表达。人们认为这些信念是绝对真实和正确的——世界'本来就这样'。"

在心理治疗中,有一个比较极端的案例,案例中的女生每天都要打数个电话确认男朋友在做什么、和谁在一起。无论什么原因,如果男朋友没有及时接电话,她都会愤怒而大发脾气。案例中的女生成长在一个婚姻不幸的原生家庭中,父亲或

第四章　心理学视角下的内丹修行——一条心灵成长之路

母亲婚姻中的不忠行为给她留下了深刻的印象，让她形成了"所有男人都是不可靠的"的信念，这导致她成年后的数段恋情都以失败告终。

另一个例子中，当事人在童年时代经常被父母数落和打压，形成了"我很笨，什么都做不好"的信念，导致他成年后，每当遇到新任务时都会出现类似的忧虑，而当遇到挫折后又会陷入痛苦的自责。当这些核心信念在他们生活中占主导地位时，他们会戴上这个信念的眼镜理解世界。

信念可以分成中间信念和核心信念，中间信念是我们对这个世界的理解、态度和基本假设，核心信念则是我们对于自我、他人或世界的固化的整体观。中间信念虽然比自动思维更难矫正，但是比核心信念更有可塑性。认知行为学派认为只有信念发生改变，才会在情绪和行为等方面引起真正和持久的改变。那些随时发生的、循环往复的自动思维，当底层的核心信念得到矫正后，会自然而然地消失。个人的情绪问题是由自己非理性的信念所形成的，如果去除这些非理性的信念，情绪问题也会一扫而空。

识别对自己和世界更广泛认知歪曲比识别特定思维歪曲的

心灵无界

困难程度要大得多。在个体成长中逐渐形成的核心信念是如此根深蒂固，并且无时无刻不在影响着我们生活中的方方面面。它们就像一只无形的大手，主宰着我们的人生。荣格曾经说过，你的潜意识操控着你的人生，当你无法识别它时，那就是你的命运。这句话用来描述核心信念对人生的影响也同样合适。自己不能意识到的信念，成了自己的命运牢笼。

内丹学与认知行为学派有着相似的理解，自动思维在内丹学中属于念头的范畴，而核心信念在内丹学中有一个非常形象的叫法：念头起处。内丹学中讲，一呼一息为一念，人每日有三万六千多个呼吸，便有三万六千多个念头，人脑中的念头如同河水般奔流不息。

《陈虚白规中指南》中写道"大道教人先止念，念头不止亦徒然"，认为修行大道的首要任务是止念。张三丰的《玄机直讲》中有"初功在寂灭情缘，扫除杂念。除杂念，是第一着筑基炼己之功也"，认为扫除杂念是筑基炼己的基本功。可见在内丹学中，修行的方法也是由表入深，从表层的念头（自动思维）开始。

内丹学认识到，这些自动思维以及随之而来的情绪和影

第四章　心理学视角下的内丹修行——一条心灵成长之路

响，能够左右我们的生命。因此，只有消除它们才能真正主宰自己的人生。同样，内丹学也认识到千头万绪的念头只是表象，在这些念头背后还有一个更深层的根源。

《太乙金华宗旨》中写道"以后凡念起时，不要仍旧兀坐，当究此念在何处，从何起，从何灭。反复推究，了不可得，即见此念起处也"，认为要想真正除去念头，不能只从表面做功夫，而要从深层根源上改变。黄元吉的《乐育堂语录》中写道"大凡打坐，去欲存理，务须一枪下马，免得另来打仗"，认为应对各种情欲，应该直指根源，对其一击致命，一劳永逸。这与认知行为学派的观点，即改变认知底层的核心信念才会带来情绪和行为的持久变化，是一致的。只有动摇了念头的根源，才能持久地消除念头，从而到达真正的止念境界。

如果说正念三要素只能帮助修行者达到初步入静的层次，那么止念的功夫已经是深层入静的层次，是对"静"的境界的深化。这种"静"的境界是持久的和根本的，是在身心的底层结构上产生的改变。至此，修行的旅程将由"静"的境界进入"虚"的境界。

第四节　深层心灵世界的探索

在人类的精神世界中，认知的"核心信念"已经处于无意识层面。那是一个我们日常生活中感知不到，但又时刻影响着我们生活中的一切的世界。无意识是心灵的黑暗部分，那里的事物无法被意识所觉察和支配。有人说它是我们的命运，也有人称它为神鬼的家乡。

无意识里隐藏着最黑暗、最险恶的人性，也隐藏着无限的生机和欲望。尽管无意识世界是那么危险，但也不能改变修行者们追求永恒的决心和勇气。跨入这个世界后，修行者的心灵成长之路将要进入一个具有神秘色彩的阶段。

无意识是人类生命历程中已经发生但未被觉察的心理活动，是人们已经发生但并未达到意识状态的心理活动过程，其与意识共同构成人类所有的心理活动。弗洛伊德曾经做过这样一个比喻：人的精神活动就像浮在海面上的冰山，露出海面的一小部分是能被我们觉察到的意识，而淹没在海面之下的绝大

第四章　心理学视角下的内丹修行——一条心灵成长之路

部分，则是我们根本觉察不到的无意识。

很多人都有过这样的经历：有时莫名其妙地对某人感到恼火或者毫无理由地对某事感到排斥，而事后却发现真正让人恼火的并非此人或此事。有的人明明知道身体很重要，也很想过上健康、自律的生活，但却不能自控，总做一些危害健康的事情，比如吸烟、熬夜、暴饮暴食。有的人很想活出自我，却总是在意别人的目光，因而阻碍了自己的选择。有的人感到自己是一个自卑的人，想要做出改变，可是到了40多岁，自己依然是那个样子，怎么都无法改变。有时候，我们的人生仿佛被一个无形的牢笼所限制，我们想要努力，想要改变，但却总是无法实现，总是事与愿违。

这一切的背后，那些在冥冥之中控制和支配着我们的思想、情感与行为的现象，就是潜意识强大力量的体现。潜意识隐藏在心灵的深处，我们无法直接认知和理解。但它的存在也有些蛛丝马迹可寻，当我们对某件事情的反应很不理性，但却有一股强大的力量推着我们向前时，这就是潜意识在作祟。

潜意识力量是如何产生的？它又有怎样的性质呢？在我

心灵无界

们的心灵世界有这样一个层面，它像一个储藏室，容纳着那些与意识不协调或无法被意识接受的心理内容，例如一段痛苦的记忆或经历、一种内心的冲突、一个曾经难以启齿的欲望等。这些曾经的欲望、创伤记忆等可能因为无法被道德标准或自我原则所接受，从意识世界中分裂了出去。这些"精神碎片"脱离意识后并没有消失，而是进入了潜意识世界。它们不仅没有失去能量，反而会按照相似性原则聚集在一起，形成一簇簇的心理丛，在黑暗中等待合适的时机，摆脱心灵的束缚，释放被压抑的力量。这一簇簇的带有情绪色彩的心理丛，荣格称之为"情结"。情结是构成个人无意识的主要成分。

荣格把情结这个词带入了我们日常语言。例如，有时我们说一个人有自卑情结、处女情结、恋父情结等，或者有时谈论一个人对金钱或性欲有某种情结，这通常代表着这个人沉溺于某种东西而不能自拔，他具有某种"瘾"。多数情结是个性化的，它们来源于个人独特的经历或创伤记忆，构成了心理生活的个体的、私人的方面。

第五节　情结与阴魔

情结具有自主性和显著的人格特征。如果把"自我"看成心灵的一个控制中心，那么无意识中的情结就可以看成一个个心灵的分系统或副中心。它们就像是完整人格的一个个彼此分离的小人格一样。情结是自主的，它有自己的驱动力，并且可以强有力地影响我们的思想和行为。这种自主性可以在日常情感上观察到，比如对一个情绪异常激动的人，我们会说"他今天不大对劲""他失去自控力""他鬼上身了"等。这些情感会突破我们意志的压制，迫使自我服从它们的意志。

荣格写道："自我和继发性情结可能被暂时分裂或被压抑，这种现象在癔症或其他人格分裂中可以被特别清楚地观察到。特别是情结暂时替代自我的状态下，我们看到一个很强的情结具备一个独立人格的所有特征。由此，我们有足够理由把情结类比为一个较小的二级头脑。""带有给定的张力或能量的情结倾向于形成它自身的人格。它有一种类似于机体的东西，

心灵无界

有它自己的某些生理特性。它能侵犯胃。它能影响呼吸、干扰心脏。一句话,它像一种不完整的人格那样行动。"人们经常有这样一种认知,即自我是身体和心灵的主宰,精神分析的研究打破了这一幻觉。"不是人支配着情结,而是情结支配着人。"

更进一步,荣格认为存在于各类文学作品和民间传说中的鬼附身、中邪、降神等现象,背后都是情结在作怪。他写道:"我可以这样说,所有种族关于癔症及精神病患者皆被'鬼魂附身'的迷信,在构想上是正确的。事实上,这些病人有自主情结,有时会完全摧毁自我控制。因为情结控制的行为相当独立于自我并强加给自我的一个几乎外来的意志,因此当迷信被指之为'鬼魂附身'时,这个迷信是有道理的。"

在我们的心灵世界里,不仅仅居住着一个"我"(自我),还居住着很多个"它"(情结)。这些"它"(情结)所拥有的心理能量和掌控的心理资源并不逊于自我。在一些特殊情况下,它们还会从自我手中夺取身体的控制权。日常生活中,在我们的意识范围内,我们无法觉察到情结的存在,但它们却时刻都在对我们低声细语,通过影响我们的思想和行为来满足它

第四章　心理学视角下的内丹修行——一条心灵成长之路

们自身的诉求和欲望。

荣格认为情结是大多数心理问题的根源。他认为心理分析治疗的主要目的就是发现和消解这些情结，使它们暴露在自我的意识反思下。在荣格看来，意识的态度是片面的，其排斥或压抑的内容处于无意识之中，无意识内容是意识的补充或补偿。只有将意识与无意识进行统合，才能构成完整、健全的心灵，因此消除意识与无意识之间的对立便成为治愈心灵之道。

荣格写道："借由联想实验和弗洛伊德的精神分析方法，我成功地证明了所有神经症都包含自主的情结，其干扰性影响有致病作用。""在精神的发展过程中，意识逐渐把这些无意识内容的空间投射吸收掉，将其改造成被意识到的观念，在此过程中，它们原有的自主情结和人格性也丧失了。"

情结中蕴含着巨大的心理能量，它们不仅能成为人的调解机制中的障碍，当情结作为人的动力的起点时，它还能成为灵感和创造力的源泉。这在那些沉迷于美的艺术家的故事中经常能见到。最典型的例子如梵·高，他如同被某种力量支配着，牺牲了健康甚至生命，以一种无法自控的残酷的激情不顾一切地去绘画和创作。荣格认为有所作为的艺术家往往要牺牲幸福

心灵无界

和一切普通人生活中的乐趣,他们具有"创作的残酷激情"的情结。

内丹学中没有心理学中"情结"的说法,但有与之相似的概念。内丹学称这种精神现象为阴、阴灵、群魔等。《悟真篇》中有"若非修行积阴德,动有群魔作障缘""群阴剥尽丹成熟,跳出樊笼寿万年""炼成灵质人难识,消尽阴魔鬼莫侵"等。内丹学认为,酒色财气瘟疫疾病都是阴魄所为,是消耗人体元精命宝的祸根,修行人如果能炼尽阴魄,就能成就纯阳体,而纯阳即仙也。

内丹学中,精的本质可以看作一种形式的心理能量。从心理学角度可以这样解读:在自主情结的施虐下,我们的意识活动不由自主。各种情结在表达自身、获得满足的过程中,心理能量被消耗。我们的人生也被各种情欲所摆布,直至衰老、消亡。《太乙金华宗旨》中写道"魄附识而用,识依魄而生。魄阴也,识之体也。识不断,则生生世世,魄之变形易质无已也",认为人的意识被阴魄所支配,阴魄是"识"的本体。这些与心理学中情结的理论是完全一致的。

内丹学和心理学中对峙"阴魔"的方法也有很多相似之

第四章 心理学视角下的内丹修行——一条心灵成长之路

处。《太乙金华宗旨》中写道"回光者，消阴制魄之诀也"，认为回光是一种返观内照的方法，"古人出世法，炼尽阴滓，以返纯乾，不过消魄全魂耳"，认为把阴魄消尽，转化成先天的"魂"是所有修炼方法的共同点。心理学使用精神分析中的积极想象、自由联想等方法，寻找并发现自主情结，用宣泄、合理化、升华等方法消解情结，回收心理能量。精神分析中的很多方法，本质上都可以视为一种返观内照。从前面的章节我们可以得知，先天的"魂"属于元神即集体无意识范畴，所以这里的"消魄全魂"实际就是消解和释放无意识情结中的心理能量，并对其进行升华和利用的过程。

第六节　心灵成长的终极目标

"群阴剥尽"是内丹修行中的一个高级目标。从心理学角度，可以理解为消融了所有的自主情结，同化、合并全部的个人无意识。这是一个十分壮伟的目标。真的很难想象，当一个

心灵无界

人的人格发展到某个阶段，能够接纳和融合全部个人无意识内容，他的人格会是一个什么样子。对他来说，已经没有喜恶、好坏的区别。他有着大海般能容万物的胸怀，能够接纳自己的全部。各类情欲对他也不能产生干扰。在任何处境下，他都能泰然自若，不惊不惧。这世间的一切在他看来都是合理的、自然的。《道德经》中有这样一段话："天地不仁，以万物为刍狗；圣人不仁，以百姓为刍狗。""群阴剥尽"的境界，可能只有那种超越了一切世俗价值、一切私欲约束的圣人才能达到。

修行到了这个阶段已经进入"虚"和"无为"的层次。"虚"表明修行内容已经远离意识世界，这里的事物对意识来说是朦朦胧胧、模模糊糊的。"无为"表明在修行的这个阶段，自我意识和意志的力量，已经远远不够。想要战胜强大的情结力量，就需要更强大的精神力量。虽然构成情结的素材来源于个人经历，但是荣格认为它们的起源是人性中某种比童年更为深邃的东西，即"集体无意识"。

集体无意识中的原型作为核子和中心，发挥着类似磁石的作用，它把与它相关的经验吸引到一起形成一个情结。情结从这些附着的经验中获得了充足的力量之后，可以进入意识之

第四章　心理学视角下的内丹修行——一条心灵成长之路

中。集体无意识不仅是自我意识和个人无意识的起源，也是人类精神的基底。如果把自我意识能掌控的心理能量比作一座发电站，那么无意识中的情结就像是一座座巨大的油田，而集体无意识则是光芒万丈的太阳。

从内丹学角度理解，集体无意识与先天元神范畴相对应。内丹学主张，修行要以先天"元神"为主宰，并且有"主宾"的说法，例如《悟真篇》里有"不识阳精及主宾，知他那个是疏亲""用将须分左右军，饶他为主我为宾"等，《吕祖百字碑》中有"动静知宗祖，无事更寻谁"等。无为的本质便是借用先天元神的力量，以先天元神为主人、后天意识为宾客。只有借助集体无意识的力量，才能实现整合无意识的目标。在这个过程中，我们心灵的中心也不再是意识中心的自我，而变成了意识和无意识之间的一个虚点，荣格称之为"自性原型"。

荣格写道："如果这种转变成功，神秘参与就会被成功消除，由此会产生一种人格，它只是在较低层次受苦，而在较高层次则不可思议地摆脱了苦与乐。"精神分析学中的集体无意识对应着内丹学中的元神。在精神的转化过程中，来自两

心灵无界

个不同的体系的元神和集体无意识，却发挥着一致的功能。发展和借助先天的力量是内丹学的精华所在。精神的转化是内丹修行的终极目标。这样的目标也是心理学所追求的生命奥秘。

  从个体的发展角度来看，人类的自我意识是在婴儿期才逐渐形成的。在人类精神的发展过程中，自我意识的产生是一个从无到有的进化过程。在自然界中，大部分的动物还没有发展出自我意识，更不用说人类特有的语言系统和逻辑思维。意识和自我意识作为一种精神形态，不是一开始就存在于这个世界。同样，它们也不是精神的终极形态。集体无意识具有超越个体的属性，是以种群为基础的精神存在。从这个角度讲，集体无意识具有某种超越个体的永恒性。

  在更广阔的范围，是否会有一种"波函数"或"信息场"能够跨越有机物和无机物的界限，乃至跨越所有的时间和空间？这是涉及精神本性和世界本性的问题。对这个问题的解答，已经超出我们的认知和想象力。我们的古代先贤对此非常笃定，把那种跨越一切的存在称为道，并把我们心灵所能进化到的最高级形态称为仙。

第四章　心理学视角下的内丹修行——一条心灵成长之路

内丹修行追求长生久视之道，以性命双修为宗旨。有些人以为其追求的是肉身永存。这是只知其一，不知其二。内丹学不仅主张性命双修，还主张借假修真。什么是假？一身四大都是假。什么是真？如如真性才是真。内丹学提倡清心寡欲，提倡去私欲存天理，怎会有追求肉身长存的道理？客观认知身心规律，假借有形之身，修得无形之真性，才是内丹学奥妙之所在。根本上，内丹修行追求的是人类的灵性生命的不朽价值。

无数的先贤和智者在这条寻求真理和永恒价值的修行之路上勇往直前。他们的见闻、经验凝结成一部部智慧的经典流传于世。从科学实证的角度看，我们也许会对"仙"这个终极目标抱有很大的怀疑。可是，当我们看到，内丹修行体系中的种种经验在心理学的实践和理论中一次次得到佐证时，当内丹学中对心灵的理解和操控技巧一次次震撼到我们时，我们应该放下自己的傲慢和偏见，重新审视这些古代先贤智慧的价值。

在当今这个理性主义的唯理智论主导的时代，我们不再关心深层的心灵，而只崇拜意识，狂热地把科学变成新的宗教来

心灵无界

崇拜。如荣格所说:"人们渴望听到真理,这种真理不是使他们更狭窄,而是使他们更开通,不是蒙蔽他们,而是照亮他们,不是像水一样流过他们,而是切中肯綮,深入骨髓。"或许,古老东方智慧正是这个时代所需的灵丹妙药。

第五章

内丹学的发展困境及新方向

> 中华文明的修行和炼养的历史，可以说跟中华文明史一样久远。在这久远的时间里，悟道修行一直为世人所追捧，诞生了如吕洞宾、张三丰等得道高人和开派祖师。然而在近代，内丹学的发展却出现了衰退之势，不仅少有内丹大成者出世，正理的传承亦有颇多扭曲和歪解。丹道文化逐步被排挤出主流文化，更有甚者，有时还会被嘲笑成愚昧和落后文化的代表。这种状况令人唏嘘不已。

第一节　时代的精华

我们很难想象，在内丹学理论成型的初期，其所代表的是那个时代的最高科技。那个时代的内丹学的地位，就如同量子力学和人工智能在我们这个时代的地位一样，是当时最先进思想的代表。

东汉魏伯阳著《周易参同契》，后世奉为"万古丹经之王"。他借用外丹的炼丹术语和《易经》卦爻之说，系统阐述了内丹炼养体系，奠定了内丹学说的理论基础。古时候，文化知识被士人阶层所垄断，对于底层的百姓来说，文化知识的门槛很高。在文化最昌盛、识字率最高的两宋时期，民众的识字率也只有30%多而已。铅、汞、鼎炉、爻辞等是平常百姓无法触及的知识。外丹炼制的复杂工艺，堪比近代化学工业，对于当时的士层精英来说，也是难以理解的。在当时，内丹学是一门非常高深的学问。

各位内丹立派宗师和丹道大家，都是所属时代的文化精英，有着极高的文化修养。魏伯阳出身于高门望族，自幼受正统儒学教育，儒学功底深厚；吕洞宾十岁能文，十五能武，中过进士，做过官吏；张伯端自幼好学，学贯三教经书，曾任台州府吏；王重阳出身于地方大族，幼好读书，后入府学，曾中进士，才兼文武。按照现在的标准来看，他们的文化水平顶得上几个博士。当时的内丹学理论，是融儒、释、道三家之理，聚天文、地理、书算、医卜百家之术，集合了当时所有的知识精华而产生的。

历代内丹祖师先贤所生活的那个年代，内丹学采用的话语体系是当时最先进的思想。然而，时光飞逝，斗转星移，在科技高度发达的现代社会，情况已经变得有所不同。近百年来，科学技术突飞猛进，大到航空航天太空探索，小到纳米芯片量子物理，更有人工智能全面超越人类，被誉为人类智力之巅的围棋也被机器攻克，人类社会已经发生了翻天覆地的变化。

科学技术是当今社会的主流文化。伴随着科技的发展，人类对于自然和自我的认知，与古代相比，已是天壤之别。许许多多几百年前不曾有过的新概念层出不穷。历经百年的发

第五章　内丹学的发展困境及新方向

展,科技已经对人类产生了根深蒂固的影响,体现在生活的方方面面。相比之下,内丹学的话语体系却显得陈旧落后,格格不入。

毋庸置疑,内丹学的内核是极具生命力的。对永恒生命的追寻和探索,无论在哪个时代都是最具挑战和最有价值的目标。然而,内丹学的外衣,即用来描述内丹学义理的话语体系,在当代已显得有些简陋。陈旧的话语体系给内丹学的发展和学习都带来了诸多问题,成为影响内丹学发展的瓶颈。其实,语义的精准性问题一直是传统内丹学的一个弊端,是内丹修行文化中的一些魔咒怪圈的根源所在。

第二节　魔咒与怪圈

各个时代的内丹大家留下了很多珍贵的经典著作。仔细研究,我们会发现一个很有趣的现象:每位大师的著作中,都会拿出很大的篇幅去讲辟旁门、破伪论、正本清源之说。

其中颇多问题都是反复提及，例如讲到真息是比喻，不是口鼻呼吸；金液玉液是比喻，不是唾液口水；阴阳交媾是比喻，不是指男女；等等。陈泥丸的《罗浮翠虚吟》、李道纯的《破惑歌》、陈致虚的《判惑歌》、陆西星的《七破论》等等，都专门用整章来讨论伪道旁门的问题。散见于其他内丹著作中的类似话题更是比比皆是。

相同的错误，代代先贤不厌其烦地告诫，而代代修行者不停地重蹈覆辙，成了一个难以突破的魔咒怪圈。如同"莫怪天机俱漏泄，都缘学者自迷蒙"这样的感慨，道出了诸位祖师的共同心声。然而，除了学生愚钝、懒惰的因素之外，更重要的一个原因，是内丹学的内容难以用语言准确表达。

内丹学为了阐明义理，使用了大量的比喻。这并非各位祖师先贤故弄玄虚或有意藏而不露，而是受限于当时的科技水平和人类语言的固有缺陷。就算真有仙人，也难免要面对这样一个困境：如何把那先天之境的奥秘带回人间，用极其有限又充满歧义的人类语言，去描述那个亘古永恒又能孕育一切的自在之物？《老子》中开篇点明"道可道，非常道；名可名，非常名"，能够用语言描述的道，都不是那个永恒不变的道。《修仙

第五章　内丹学的发展困境及新方向

辨惑论》中讲："道本无形，喻之为龙虎；道本无名，比之为铅汞。"不可说，又不得不说，所以只能强说。所说之物不属于见闻觉知，因此只能用比喻来启发。

不能使用精准的定义和概念，而借助大量的比喻来传递信息，这在当时的认知和科技受限的条件下，曾经起到过不可替代的积极作用。但是，这样的弊端也非常明显：对于比喻的解读，完全依赖个人的经验和悟性。相同的概念如精气、玄关一窍、金丹等等，不同的人有不同的理解，形成各类千奇百怪的解释。

很多修行者，因为理解出现偏差，未能修成正道，伤身误己，一生虚度。更有甚者，自己理解错误，又以盲引盲，贻害他人，凡此种种虽为传道取善，其实质堪比作恶。由于语言和文字的缺陷与模糊，致使玄奥而精妙的内丹学至理被埋没，着实令人惋惜。接下来，我们详细考察一下内丹学中那些经常被误解的概念，那些让世代修行者反复重蹈的魔咒怪圈，以便对这个问题有更清晰的认识。

第三节　文字的牢笼

金丹是内丹学中被世人误解已久的一个概念。金丹是内丹学借用外丹的术语，指以人体作炉鼎，以精气神作药物，凝聚结成胎，也称作圣胎。《周易参同契》中有"金来归性初，乃得称还丹"，王重阳《金丹》诗中有"本来真性唤金丹"等。金丹一词本是比喻，金是形容坚刚永久不坏，丹是形容圆满光净无亏。内丹学用金丹之名，比喻本来圆明真灵之性。名为金丹，实则并非有形有质之物。

有一种常见的错误，把金丹理解成具体实物。20世纪的气功热时期，曾有伪大师自称结了金丹，而且是两个，下丹田一个，鹅蛋大小，中丹田一个，鸡蛋大小。这让人哭笑不得。在当代的很多修仙小说和影视作品中，也常把金丹描写成一种藏在人体内的球状实体，有的甚至还能拿出来施法或治病救人。此外，还有一种常见的错误：在想象或幻觉中的所谓"内景"中寻找金丹。这些人着相寻找，见到或大或小、或明

第五章　内丹学的发展困境及新方向

或亮的金珠宝玉,把内景虚像、外景幻觉当作真实。内丹学中所说的金丹,绝非有形有相的实物。不落于后天有形有质,这是内丹学的核心原则。实物说、内景说等与内丹学原则严重偏离,脱离了金丹概念的本义。然而抱有这种误解的人不在少数,甚至在修行者群体中也大有人在。

金丹也可分成金液还丹和玉液还丹。《玄肤论》中讲得直白:"金液炼形者,了命之谓也,玉液炼己者,了性之谓也。"白玉蟾的《快活歌》中也点明:"忘形养气乃金液,对景无心是大还。"金液和玉液实际是性命兼修、形神俱妙的比喻。以玉的温润贞纯比喻炼性、炼己的成就,以玉比德;以金的坚刚不坏比喻炼命、炼体的成就。此为内丹学中惯用的比喻手法,非常明了。然而仍然有非常多的人,把金液、玉液解读成唾液、肾液、肺液之类。此种说法,或称舌头搅上腭而生津,或称大小周天而生液,或称津走食道,或称液走气道,林林总总,不胜枚举。更有奇葩观点,认为内丹修行就是调解口水分泌,助消化,改善肠胃功能。如此种种,离我们先贤的智慧和金丹、玉液等的本义相去甚远。金丹、玉液这些词汇虽然颇具浪漫主义气质,但也给后人的理解带来了诸多的问题。

内丹学中，如果说有哪个概念的含义最让人混淆、迷惑，那便是"气"。气是一个非常令人困惑的词，它发展出了太多的衍生含义，以至于似乎没人能够讲清楚气到底是什么。从根本上讲，内丹学把气分成先天和后天两种。此外，内丹学中还有"先天一炁"的概念，特指"一生万物"中的"一"。先天元气、后天呼吸气、先天一炁，这是内丹学中使用频率非常高的三个概念，虽然都叫气，但是它们的含义完全不同。这三者包含了内丹学中"气"这个概念内涵的基本层面。

在中医里，气的概念得到了很大的发展，衍生出了营气、卫气、宗气等概念。营气可以理解为人体的营养和循环的机能，卫气是人体的免疫机能等。在中医里，气通常是指这种流布全身、流形无质的人体机能和动力。这些与内丹学中三种气的含义虽有联系，但具体所指都是不同之物。

在具体的内丹修行中或者针灸、点穴等治疗中，会出现身体局部的冷、热、胀、麻、吸斥等感觉。这些感觉被称为"得气"或"行气"的表现。在这种情境中，气被描述为一种运行于人体经络中的物质。气的数量的多少、气运行的通畅与

第五章　内丹学的发展困境及新方向

否直接影响着身体的健康状况和生命的活力。其中对于内丹修行者最为关键的是任督气脉。任脉与督脉所构成的闭环被形象地比喻成人体周天。这个闭环中气的运行效率和机能强度，被很多内丹修行流派视为重要的修行成就。

由第二章内容可知，古代的精与气的概念没有严格的界限。精气是指宇宙的根本动力，在人身而言，是指生命的根本动力。以上有关气的种种概念，都是在这个原始含义的基础上衍生出来的。虽然都叫作气，但各种气的内涵完全不同。它们本质上是完全不同的概念，有时描述的是完全不同维度的事物。正因如此，气的概念才会令人如此困惑。有很多学习者或修行者因为对气的理解偏差而误入歧途。有些人利用这一点，故意把很多不同含义混杂共论，以此故弄玄虚、故作高深，迷惑众人。

因为对各种气的概念的误解，产生了诸多怪象，例如：有人生搬硬套现代物理学中场的概念，把气说成是某种"生命场""能量场"之类，以迷指迷。有的修行者在生活中不敢放屁，生怕"气"会泄露。有的"大师"表演抽筋、鬼畜的动作，自称得气。如此种种可笑之事不胜枚举。归根结底是因为

心灵无界

人们没有理清条理，混淆了用气命名的各种不同概念。现代科学倾向于先定义出清晰的概念，然后再论述概念之间的联系和规律。与此相比，我们的先贤们更乐于在概念的定义中暗含它们之间的内在关联，定义与关联浑然一体。这对于概念定义的精确性必然会有影响，也使得各个概念之间的区分度大打折扣。如果定义清晰、概念边界明确，此前的诸多误解和迷惑应该是可以避免的。

金丹、玉液、气这些概念的误解，还仅限于对修行者自身的修行和健康产生影响。有些概念的误解则造成了很严重的社会和伦理的灾难。我们在各种丹经中经常能看到婴儿、姹女之说，如《悟真篇》中有"姹女游从自有方，前行须短退须长"，《敲爻歌》中有"到此乡，非常客，姹女婴儿生喜乐"，《打坐歌》中有"黄婆其间为媒妁，婴儿姹女两团圆"等等。姹女、婴儿是借用外丹术语，指代朱砂和铅。这是比喻之说，借用其色泽形似和变化之理来类比理解内丹机理。婴儿、姹女是铅、汞别名，也就是人身阴、阳。

这些活灵活现的比喻手法，使得丹经著作兼具文学性和实用性。然而有些贪婪、愚蠢之人望文生义，误认为需要真正的

第五章　内丹学的发展困境及新方向

婴儿和少女才能完成修炼，导致了骇人听闻的惨剧。历史上的唐武宗，命人进献童男、童女炼丹，残忍至极，结果服用丹药后不仅没能成仙，反倒早崩。《西游记》中也有诸多此类描述：有些妖怪为了修炼得道，要求地方百姓定期进献男童、少女，否则就降下灾祸等等。还有人，把"姹女"曲解成为童女初潮的血，甚至是她们的血，从而造成伤亡。内丹修炼的根本原则是清心寡欲、清静自然，这些违背伦理道德的行为，想想便知，与上述原则南辕北辙，荒谬至极。

这些灾难的一个重要根源，在于对婴儿姹女的妄断。为道日损，内丹修行讲究的是去除私欲、留存公理。这些以贪婪、私欲为出发点，妄求用后天有形有质之物，炼出仙丹、圣胎的行为，与内丹修行基本原理相违背，想要修炼成功是万无可能的。因此而导致的种种悲剧，更是令人痛心疾首。

除了上述这些，内丹修行中，因为望文生义、理解偏差导致的种种怪象还有很多，例如：有把憋精憋尿当作积精累气的，有把房中淫行当做采药过关的，有把虚响肠鸣当作虎啸龙吟的，有把心肾脾胃等器官当作玄关黄婆的。总之都是流于文字表面，落于后天有形有质。

这些怪圈和魔咒代代往复，流弊甚广，难以断绝。究其根本，是因为运用了大量比喻来弥补文字与词汇上的限制，概念不能清晰和准确地传递信息，导致出现了各种错误解读。内丹学陈旧的话语体系无法与现代的语言和思维习惯兼容，已成为内丹学弘扬和发展的阻碍。

第四节　继往圣之绝学，开现代之新路

"道之不行，由于道之不明也"，道之不明的一个重要原因是概念体系的语义模糊。在古代，人类认知手段有限，对于内在的心灵世界的各种事物，不能像外在世界一样被精准描述和赋予准确定义。这给内丹修行者们增加了很多困惑。当代心理学的科学性和严谨性正好弥补了内丹学的这一不足。心理学能够成为内丹学发展和完善的一大助力。

内丹学体系庞大、义理精深，对人身心规律的认知深度更是独一无二，仅仅依靠现代心理学完成对内丹学旧的话语体系

第五章 内丹学的发展困境及新方向

的全面革新是困难的。尽管如此，在这个过程中，心理学起到的作用仍是不可替代的。心理学是打开内丹学宝藏大门的一把钥匙，是学习和理解内丹学奥秘的强有力的工具。

本书中，我们从当代心理学角度重新审视了内丹学的义理，得出了很多有价值的结论，并对内丹学产生了全新的认知。我们从集体无意识角度解读先天元神；从心理能量角度解读精与气；从认知行为理论角度解读念头；从人格发展和心灵成长角度解读内炼修行。从心理学视角解读内丹学原理，让我们找到了一条科学理解内丹奥秘的道路。绕开模糊的神秘学和玄学概念，在心理学的帮助下，我们可以更深刻和更清晰地理解内丹精髓。

有些人认为，心理学是西方的，如果加入内丹文化中，我们的传承就不纯粹了。这种观点过于狭隘。其实，心理学和内丹学之间本来就有着很深的渊源。

首先，内丹学和心理学两个体系各自的核心主题有着高度重叠。德国著名心理学家艾宾浩斯曾这样描述心理学的发展历程："心理学有一个漫长的过去，但只有短暂的历史。"作为一门科学的科学史，心理学的历史并不长。1874年，德国生理

心灵无界

学家冯特出版《生理心理学原理》，标志着现代实验心理学的诞生。从此心理学才从哲学中分化出来，成为一门独立的科学，至今不过一百多年。

在心理学独立成为科学以前，有关知识、思维、心灵、意识、欲望和人性等心理学问题，一直是古代哲学家、文学家、艺术家和医生们研究的问题。心理学中的大多数研究对象，其实早在千年之前就已经被我们的古代先贤们关注。这些心灵现象都是内丹学中很常见的主题。现代心理学更大的意义和价值并不是新的研究对象的发现，而是研究方法和手段的进步。心理学和内丹学可谓是殊途同归。这两个体系跨越时空的相遇是必然的。

其次，心理学的发展受到过内丹学的很大影响。分析心理学创始人荣格早年在与弗洛伊德决裂后，曾一度陷入人生低谷。他苦闷隐居，找不到支撑自己研究的依据，对自己的研究产生了深深的怀疑。直到有一天，荣格接触到由卫礼贤翻译的道家典籍，在中国的古老智慧中找到了知音。在《易经》《太乙精华宗旨》《慧命经》等的启发下，荣格发展出以集体无意识等为核心的心理学体系。这成为荣格学术事业的转折点。

第五章　内丹学的发展困境及新方向

美国心理学家马斯洛被誉为人本主义心理学之父。其代表作《动机与人格》中多次提及道家思想和理论，并大加赞赏。他所提出的"自我实现"和"自然自发性"等概念来源于道家的"无为"思想。马斯洛在晚年谈到心理学的发展时，提出"我们需要某种'大于我们的东西'作为我们敬畏和献身的对象"。他预测心理学的第三种思潮将过渡到以"道""上帝"为中心的第四种思潮。

在心理治疗领域，海灵格的家庭系统排列疗法和森田疗法等都是受到道家思想影响，在道家理论的启发下发展出来的。近代风靡西方的正念冥想，更是直接由东方禅修改造而成。禅修与内丹的打坐内炼，两者是同根同源。

心理学中很多精妙的概念和理论都受到过内丹学的启发。当代心理学中含有内丹文化的基因，流淌着内丹文化的血脉。从某种意义上讲，心理学中一些派别可以看作是华夏丹道法脉的西传。

东方智慧的种子在西方生根发芽，长成参天大树。西方文明之光也在东方传播，普照大地。你中有我，我中有你，怎么能分得清你的和我的。如果道要分成东、西方，要分成你的、我的，那就不是真正的道了。当苏格拉底沉思时，当老子仰望星空时，当摩西在火堆前祈祷时，当牛顿在苹果树下灵感迸发时，他们所领悟的道，没有什么不同。

内丹学的精神是道的精神。道是兼容并包，不断拥抱新知识和新事物；是不拘泥于形式，上善若水，可方可圆；是永恒的火焰，生机勃勃，永不熄灭；是整合所有的智慧，完成最伟大的目标。

内丹学是关于道的学问和实践。道是永恒自在的，内丹学却是不断发展的。内丹学的发展过程是不断整合其他文化精华的过程。这是内丹学能够一直保持鲜活、强劲的生命力的重要原因。

南派宗师陈泥丸写道"若晓得《金刚》《圆觉》二经，则金丹之义自明，何必分别老释之异同哉！天下无二道，圣人无二心，何况人人具足，个个圆成"，认为天下大道内在相通，老释之学无本质差异。北派祖师王重阳，集合儒、道、释之精华，教人读《道德经》《孝静》《心经》，将三教的功夫境界融入内丹学之中，创立三教合一的全真道，提出"三教从来一祖风"的融合学说。包容性是内丹学的本质特征。

第五章　内丹学的发展困境及新方向

在当代社会，如果内丹学不能和现代人类文明融合，那就违背了内丹学发展的根本精神。数千年前的内丹大家就已有了"何必分别老释之异同哉！"的觉悟，处在文明高度发达的现代社会，我们更不应该把内丹学限制在中西内外的框架中。

心理学在短短的一百多年的时间里，取得了丰硕的成果。心理学范式经过多轮革新，呈现出百家争鸣的局面。心理学中各派的观点虽有所差异，但都有一个共同特点：以观察和实验为基础，严格遵循实证和客观原则，充分利用现代科学知识和技术手段。正因如此，意识、心灵、心理能量等这些困扰人类数千年的谜团，才能够以科学研究对象的形式，再次进入我们的视野。这些心理学知识极大地丰富了我们对世界、对自身的认知和理解。现代心理学的研究方法和众多的研究成果，值得内丹学吸收和采纳。

《论语》中讲"君子不器"，认为人不应该拘泥于具体的形式，如同具体器皿一样形成固化。内丹学被誉为夺天地造化、侵日月玄机的学问，更不会拘泥于铅汞、水火一类的辞藻。内丹学不缺少力量和价值，它需要的是一种更恰当的打开方式。对心理学的吸收和借鉴，将是内丹学发展和完善的新的动力。

心灵无界

20世纪90年代以来,在中国兴起新道家文化思潮。科学哲学家董光璧首先提出"当代新道家"的概念,提倡一种以科学新成就为根据的,贯通古今、契合东西的新文化观,得到陈鼓应等人的热烈响应。胡孚琛教授在《道学通论》中呼吁"继承魏源、严复、吴虞乃至汤用彤、胡适、陈寅恪、王明、陈撄宁、金岳霖、方东美、蒙文通、宗白华、萧天石等人的道学传统,形成当代的新道家学派",胡教授还认为:"在文化上,夫欲有所立必须有所破,立就是要创造性地诠释道家文化并汲取东西方各种异质文化的精华创立有时代精神的新道学,破就是要扬弃儒学中的封建宗法观念,化腐臭为神奇,取其人文思想和进取精神融入新道学之中"。

新道家思潮的兴起表明,作为我华夏文明的精神内核,内丹文化拥有跨越时代、跨越国度的强大生命力和巨大影响力。内丹文化特有的超越性和包容性,使得它在任何时代都具有独一无二的价值。我相信,对这场如火如荼的新道家文化思潮,对当下的国学复兴运动,心理学一定会起到不可替代的推动作用。甚至在不远的将来,心理学也许会成为内丹体系的一门必修课。

第五章 内丹学的发展困境及新方向

第五节　内丹学的当代价值

内丹学的理论和修行体系都是值得大力发展的。内丹学不仅是个体生命终极价值的追求，同时还有重要的社会价值。很多人一提到修行修炼，就会浮现出这样的画面：独自一人，抛妻弃子，来到深山老林里，不吃不喝整日打坐，与世隔绝。还有很多人以为修行就是消极避世，不通人情。其实，这些都是对内丹修行体系的严重误解。

《悟真篇》中有"休妻谩遣阴阳隔，绝粒徒教肠胃空"一说，认为休妻、绝食这些并不是修行的真谛，只是表面功夫，不要执着其间；还有"须知大隐居廛市，何必深山守静孤"之说，认为真正的修行是时时刻刻，是在每个当下，不应该拘泥于隐居深山的形式。张三丰《道言浅近说》讲："丹基既凝，即可回家躬耕养亲，做几年高士醇儒，然后入山寻师，了全大道。彼抛家绝妻、诵经焚香者，不过混日之徒耳，乌足道"，认为修行到了一定阶段，应该回家尽孝道，出仕尽社会义务，

157

心灵无界

反而鄙视那些抛家绝妻，整天只知道焚香念经的愚人。

真正的内丹学精神是十分灵活通达的。实际修行过程中，论心不论迹，务实求真。历代的内丹学大师，生活方式上主张和光同尘，主张欲达天理先尽人情。要求修行者不仅要克己精进、孜孜不辍，还要能够很好地融入世俗社会。《吕祖百字碑》中有"真常须应物，应物要不迷"之说，认为真正的修行成就，需要经得住日常人伦、待人接物的考验，不迷其中。不仅要理上明，更要事上练。修行者要上达天道，下通万物，更要中间顺应人情。可见，真正的内丹学修行精神是一种非常积极向上的乐观精神。对于社会的和谐与发展，对于人类整体道德水平的提升都有非常积极的价值。

纵观人类发展史，一个社会或群体中，如果每个人都是自私自利、唯利是图，做事都是只从自身利益出发，那么这个社会必然难以发展。如果每个人都秉持"儿孙自有儿孙福，没有儿孙我享福"的观念，认为生命苦短就此一段，死后完全断灭、空无，只求现世纸醉金迷，及时享乐，甚至不惜损人利己，那么这个社会必然难以维系。

一个社会或群体的发展和兴盛，需要两种极其重要的价值

第五章　内丹学的发展困境及新方向

观。一个是指向其他成员的价值，这避免了绝对的自私，使不以利益为基础的相互帮助成为可能；另一个是指向个体生命周期之外的价值，这让个体愿为社会发展做出牺牲，功在当代利在千秋。内丹修行体系的价值观中，同时提供了这两种重要价值。内丹学从深层心灵层面，理解人与人之间的关系，个体生命与永恒生命之间的关系。这对于帮助个体摆脱狭隘的自私观念，对整个社会的和谐发展都有着重要的现实意义。

我们需要清醒地认识到，我们生活在一个特殊的时代，一个历史上从未有过的快速变革的时代。工业革命距离现在也只有100多年的时间，近百年间，人类社会所创造的物质文明成果，远远大于上一个周期的五千年的所有成就。各种工具和机器的发明，各种新能源和新材料的使用，帮助人类文明进入了前所未有的物质丰富时代。在机器的帮助下，人类已经能够从繁重的体力劳动中解脱出来。机器取代人类的体力劳动已经是现实。

21世纪初期，人类在人工智能领域取得了突破性进展。在通用领域，人工智能的人脸识别准确率已经超过99%，语音识别的准确率已经超越专业的速记员。在医疗领域，CT+AI

的辅助诊断，准确率已经和影像医生很接近，甚至超过了影像医生。曾经代表人类智力天花板的围棋大师，在人工智能面前也只能俯首称臣，甘拜下风。在翻译和写作等需要人类创作能力的活动中，人工智能仍表现得游刃有余。现如今，人工智能绘画、人工智能诗歌、人工智能音乐创作也已经不是什么新闻。在可以预见的未来，人类大部分的脑力工作都会被人工智能取代。

机器和人工智能正在逐步取代人类，我们应该重新考虑人类自身的价值。当人类无须付出任何努力，就可以享受取之不尽的物质文明，那将究竟是人类文明的高峰还是人类文明的终点？答案还未可知。我们应该思考，当人在社会生产中，作为一种核心生产要素的地位，变得微不足道时，人类的价值到底还有什么？当人类的存在变得没有意义时，当社会的发展失去动力和方向时，是否意味着人类命运的终结？

在西方的宗教故事当中，我们经常能够听到这样的情结：魔鬼为了获得一个义人的灵魂，答应他只要愿意臣服，就可以给他无尽的权力、财富、爱情和名誉等等。魔鬼很清楚，人的灵魂才是这世界上最有价值的东西。生命不仅是物理的上存

第五章　内丹学的发展困境及新方向

在，还是心理上的存在；生命不仅是心理上的存在，还是灵性上的存在。人类除了能够通过体力劳动和脑力劳动创造价值之外，更大的灵性价值还有待发掘。灵性生命才是人类最本质和最真实的存在，才是人类最宝贵的价值。

内丹修行追求长生久视之道，以性命双修为宗旨。很多人以为其追求的是肉身永存。这是只知其一，不知其二。内丹学不仅主张性命双修，还主张借假修真。什么是假？一身四大都是假。什么是真？如如真性才是真。内丹学提倡清心寡欲，提倡去私欲存天理，怎会有追求肉身长存之理？客观认知身心规律，假借有形之身，修得无形之真性，才是内丹学奥妙所在。本质上，内丹修行追求的是人类的灵性生命的不朽价值。

近百年来，虽然人类的物质文明似乎已经登峰造极，但是人类的精神能力和对自身的认知，与几千年前相比，却相差无几。对于意识的起源、生命存在的意义、死后是什么样、如何获得智慧等问题，现代人知道的一点都不比古代人多，甚至有时会更迷茫。物质上的富裕弥补不了心灵上的空缺。灵性生命的成长是人类内在的根本需求。物质文明高度发达以后，人类社会将进入精神和灵性文明发展为主导的时代。内丹学的独特价值会在这个时代大放异彩。

祖先的智慧告诉我们，不要被表象迷惑。西方的贤哲告诉我们，真理隐藏在黑暗之中。穿透文字的层层迷雾，真理之光普照大地。内丹学陈旧晦涩的文字表象下，隐藏着华夏文明的伟大智慧。心理学是打开内丹学宝藏大门的一把钥匙。内丹学是心理学发展的生命力。东西方两个不同的体系发生碰撞，会迸发出智慧的火花。希望通过这本书，能在东西方之间架起一座心灵理解的桥梁，给人们带来更多的启示和思考。

主要参考资料

1. ［意］法布里奇奥·迪唐纳主编，郭书彩、范青、陆璐等译，张海音审校.《正念疗法：认知行为疗法的第三次浪潮》.人民邮电出版社.

2. ［明］伍冲虚、［清］柳华阳著.《伍柳仙宗》.九州出版社.

3. ［明］尹真人高弟撰.《性命圭旨》.中央编译出版社.

4. ［清］黄元吉著.《道门精要：道教黄元吉内丹修炼典籍》.华夏出版社.

5. ［清］黄元吉著.《乐育堂语录》.九州出版社.

6. ［清］刘一明原著，滕树军、张胜珍点校.《悟元汇宗：道教龙门派刘一明修道文集之一》.宗教文化出版社.

7. 黄帝著，［商］伊尹等注.《阴符经集释》.中国书店.

8. ［宋］曾慥编集.《道枢》.中央编译出版社.

9. ［宋］李昌龄、郑清之等注.《太上感应篇集释》.中央编译出版社.

10. ［宋］张伯端撰，王沐浅解.《悟真篇浅解（外三种）》.中华书局.

11. ［宋］张君房编.《云笈七签》.中央编译出版社.

12. ［唐］杜光庭、吕纯阳等注.《清静经集释》.中央编译出版社.

13. ［清］刘体恕汇辑.《吕洞宾全集》.华夏出版社.

14. 《崔公入药镜注解》.《道藏》第2册.

15. 《金丹四百字序》.《道藏》第24册.

16. 《青华秘文》.《道藏》第4册.

17. 《修真后辩》.《藏外道书》第8册.

18. ［唐］梁丘子等注.《黄庭经集释》.中央编译出版社.

19. ［瑞士］C.G.荣格著，申荷永总策划，高岚主编.《分析心理学》.《荣格文集Ⅰ》.长春出版社.

20. ［瑞士］C.G.荣格著，申荷永总策划，高岚主编.《原型与原型意象》.《荣格文集Ⅱ》.长春出版社.

21. ［瑞士］C.G.荣格著，申荷永总策划，高岚主编.《积极想象》.《荣格文集Ⅲ》.长春出版社.

22. ［瑞士］C.G.荣格著，申荷永总策划，高岚主编，《梦的分析》，《荣格文集Ⅳ》.长春出版社.

23. ［瑞士］C.G. 荣格著，申荷永总策划，高岚主编.《梦的分析（下）》.《荣格文集Ⅴ》.长春出版社.

24. ［瑞士］C.G. 荣格 著 申荷永 总策划 高岚主编.《意象分析》.《荣格文集Ⅵ》.长春出版社.

25. ［瑞士］C.G. 荣格著，申荷永总策划，高岚主编.《情结与阴影》.《荣格文集Ⅶ》.长春出版社.

26. ［瑞士］C.G. 荣格著，申荷永总策划，高岚主编.《心理治疗》.《荣格文集Ⅷ》.长春出版社.

27. ［瑞士］C.G. 荣格著，申荷永总策划，高岚主编.《荣格自传》.《荣格文集Ⅸ》.长春出版社.

28. ［美］James W. Kalat, Michelle N. Shiota 著，周仁来等译.《情绪》.中国轻工业出版社.

29. ［美］Judith S. Beck 著，陶璇、唐谭、李毅飞等译.王建平审校.《认知疗法：进阶与挑战》.中国轻工业出版社.

30. ［美］Judith S. Beck 著，张怡、孙凌、王辰怡等译，王建平审校.《认知疗法：基础与应用》.中国轻工业出版社.

31. ［美］奥利弗·萨克斯著，孙秀惠译.《错把妻子当帽子》.中信出版集团.

32. [宋]白玉蟾原著,周全彬、盛克琦编校.《白玉蟾全集》.宗教文化出版社.

33. 蔡晨瑞著.《我画我心:意象对话解读人心》.安徽人民出版社.

34. 车文博主编.《爱情心理学》.九州出版社.

35. 车文博主编.《日常生活心理病理学》.《弗洛伊德文集02》.九州出版社.

36. 车文博主编.《释梦(上)》.《弗洛伊德文集03》.九州出版社.

37. 车文博主编.《释梦(下)》.《弗洛伊德文集04》.九州出版社.

38. 车文博主编.《诙谐及其与潜意识的关系》.《弗洛伊德文集06》.九州出版社.

39. 车文博主编.《精神分析新论》.《弗洛伊德文集08》.九州出版社.

40. 车文博主编.《达·芬奇的童年回忆》.《弗洛伊德文集10》.九州出版社.

41. 车文博主编.《图腾与禁忌》.《弗洛伊德文集11》.九州出版社.

42. 车文博主编.《文明及其缺憾》.《弗洛伊德文集12》.九州出版社.

43. 车文博主编.《精神分析导论》.九州出版社.

44. 车文博主编.《癔症研究》.九州出版社.

45. 车文博主编.《自我与本我》.九州出版社.

46. 陈兵著.《道教修炼养生学》.陕西师范大学出版总社.

47. 陈兵著.《佛教心理学》.陕西师范大学出版总社.

48. 陈全林点校.《张三丰先生丹道全书》.团结出版社.

49. 陈樱宁原著,胡海牙总编,武国忠主编.《中华仙学养生全书》.华夏出版社.

50. 陈致虚原著,董沛文主编.《金丹秘要》.宗教文化出版社.

51. 董沛文主编,盛克琦编校.《方壶外史》.宗教文化出版社.

52. 董沛文主编,王燕喜执行主编.《金丹元旨》.宗教文化出版社.

53. 董沛文主编.《陈抟集》.华夏出版社.

54. 董沛文主编,陈全林编校.《新编吕洞宾真人丹道全书》.团结出版社.

55. 董沛文主编.《张三丰全集》.华夏出版社.

56. 董沛文主编,盛克琦、果亮辉编校.《中和正脉:道教中派李道纯内丹修炼秘籍》.宗教文化出版社.

57. 高丽杨点校.《钟吕传道集:西山群仙会真记》.中华书局.

58. 胡孚琛著.《丹道法诀十二讲》.社会科学文献出版社.

59. 胡孚琛著.《道教与仙学》.新华出版社.

60. 胡孚琛著.《道学通论》.社会科学文献出版社.

61. 蒋维乔、袁了凡、智凯大师著.《禅定入门》.九州出版社.

62. 蒋维乔著.《因是子静坐养生法》.中国长安出版社.

63. [加]津德尔·西格尔、[英]马克·威廉斯、[英]约翰·蒂斯代尔.《抑郁症的正念认知疗法》.世界图书出版公司.

64. [瑞士]卡尔·古斯塔夫·荣格著,冯川、苏克编译.《心理学与文学》.久大文化股份有限公司.

65. [瑞士]卡尔·古斯塔夫·荣格著,谢晓健、王永生、张晓华、贾辰阳译.《弗洛伊德与精神分析》.《荣格文集》(第一卷).国际文化出版公司.

66. [瑞士]卡尔·古斯塔夫·荣格著,周明、石小竹译.《文明的变迁》.《荣格文集》(第六卷).国际文化出版公司.

67. [瑞士]卡尔·古斯塔夫·荣格著,陈俊松、程心、胡文辉译.《人格的发展》.《荣格文集》(第八卷).国际文化出版公司.

68. [瑞士]卡尔·古斯塔夫·荣格著,储昭华、沈学君、王世鹏译.《心理类型:个体心理学》.《荣格文集》(第三卷).国际文化出版公司.

69. [瑞士]卡尔·古斯塔夫·荣格著,储昭华、王世鹏译.《象征生活》.《荣格文集》(第九卷).国际文化出版公司.

70. [瑞士]卡尔·古斯塔夫·荣格著,关群德译.《心理结构与心理动力学》.《荣格文集》(第四卷).国际文化出版公司.

71. [瑞士]卡尔·古斯塔夫·荣格著,姜国权译.《人、艺术与文学中的精神》.《荣格文集》(第七卷).国际文化出版公司.

72. [瑞士]卡尔·古斯塔夫·荣格著,孙明丽、石小竹译.《转化的象征:精神分裂症的前兆分析》.《荣格文集》(第二卷).国际文化出版公司.

73. ［瑞士］卡尔·古斯塔夫·荣格著，徐德林译.《原型与集体无意识》.《荣格文集》（第五卷）.国际文化出版公司.

74. ［瑞士］卡尔·古斯塔夫·荣格著，王义国译.《寻找灵魂的现代人》.光明日报出版社.

75. ［瑞士］卡尔·古斯塔夫·荣格著.《未发现的自我》.国际文化出版公司.

76. ［美］卡尔文·霍尔、［美］弗农·诺德比著，冯川译.《荣格心理学七讲》.北京大学出版社.

77. ［美］拉·莫阿卡宁著，江亦丽、罗照辉译，《荣格心理学与西藏佛教》，商务印书馆.

78. ［清］李涵虚著，蔡聪哲点校.《李涵虚先生全集》.宗教文化出版社.

79. 刘耀中、李以洪著.《荣格心理学与佛教》.东方出版社.

80. 刘一明著，羽者等点校.《道书十二种》.书目文献出版社.

81. ［清］刘沅著.《槐轩全书·正讹》卷五.巴蜀书社.

82. 彭鑫著.《伤精与养精》.科学技术文献出版社.

83. ［瑞士］荣格、［德］卫礼贤著，张卜天译.《金花的秘密》.商务印书馆.

84. [瑞士]荣格著，成穷、王作虹译.《分析心理学的理论与实践》.生活·读书·新知三联书店.

85. [瑞士]荣格著，李德荣编译.《荣格性格哲学》.九州出版社.

86. [瑞士]荣格著，冯川、苏克译.《心理学与文学》.生活·读书·新知三联书店.

87. [瑞士]荣格著，刘国彬、杨德友译.《荣格自传：回忆·梦·思考》.上海三联书店.

88. [瑞士]荣格著，吴康译.《心理类型》.上海三联书店.

89. [瑞士]荣格著，杨梦茹译.《分析心理学与梦的诠释》.上海三联书店.

90. [瑞士]荣格等著，张月译.《潜意识与心灵成长》.上海三联书店.

91. 盛克琦编校.《全真选读》.宗教文化出版社.

92. [美]威廉·麦独孤著，俞国良、雷雳、张登印译.《社会心理学导论》.北京大学出版社.

93. [汉]魏伯阳著，萧汉明校译，吴鲁强、坦尼·L.戴维斯英译.《周易参同契》.岳麓书社.

94. 董沛文主编,席春生执行主编.《千峰老人全集(繁简对照本)》.宗教文化出版社.

95. 萧天石著.《道家养生学概要》.华夏出版社.

96. 萧天石著.《道海玄微》.华夏出版社.

97. [美]亚伯拉罕·马斯洛著,许金声等译.《动机与人格》.中国人民大学出版社.

98. 严文华著.《图画心理学解密 心理画外音》.上海锦绣文章出版社.

99. 杨天才译注.《周易》.中华书局.

100. 姚春鹏译注.《黄帝内经》.中华书局.

101. 叶蓓卿译注.《列子》.中华书局.

102. [美]约瑟夫·坎贝尔著,黄珏苹译.《千面英雄》.浙江人民出版社.

103. 云峰著.《韦特塔罗》.陕西师范大学出版社.

104. 张其成著.《张其成全解太乙金华宗旨》.华夏出版社.

105. 张其成著.《张其成全解周易》.华夏出版社.

106. 张钦著.《道教炼养心理学引论》.巴蜀书社.

107. 朱建军著.《我是谁:意象对话解读自我》.安徽人民出版社.